AF401806

22/73

GRAMMAIRE

FRANÇAISE

CLASSIQUE.

OUVRAGES DE M. DUPONT.

ÉLÉMENS DE GÉOMÉTRIE, concernant l'Arpentage, le Toisé et le Solivage, avec un précis sur le Système métrique, et plusieurs planches en taille-douce.. 2 fr. 50 c.

TRAITÉ DE GNOMONIQUE, *ou* l'Art de tracer des cadrans solaires sur toutes sortes de plans, avec plusieurs planches... 1 fr.

SYSTÈME MÉTRIQUE LÉGAL ou Notions complètes et méthodiques des Poids et Mesures, contenant un grand nombre de notes et de questions explicatives, les rapports exacts des mesures, avec un Questionnaire renfermant plus de 80 questions, etc.; prix.. 40 c.

DISCOLÉGIE, *ou* l'Art d'apprendre à lire en peu de leçons; ouvrage adopté par le Comité de St.-Quentin (la douzaine composée de 24 liv.).   2 fr. 25 c.

Le même Ouvrage, en Tableaux.......   2 fr. 50 c.

OUVRAGES DE M. CAPLAIN.

EXERCICES ORTHOGRAPHIQUES pour la première partie de la Grammaire................   1 fr. 25 c.

CORRIGÉ des Exercices orthographiques, avec une série de règles.........................   1 fr. 75 c.

VERSIONS FRANÇAISES ou nouveau Moyen d'enseigner le style.

EXERCICES DE CONSTRUCTION pour la 2e. partie de la Grammaire.........................   1 fr. 25 c.

GRAMMAIRE

FRANÇAISE

CLASSIQUE,

Par H. CAPLAIN, Instituteur,

MEMBRE
DE LA SOCIÉTÉ DES MÉTHODES ET DU COMITÉ SUPÉRIEUR
DE SAINT-QUENTIN,
ET AUTEUR DE PLUSIEURS OUVRAGES CLASSIQUES;

et

Par P.-A.-B. DUPONT,

MAITRE DE PENSION,
AUSSI AUTEUR DE PLUSIEURS OUVRAGES CLASSIQUES.

A Saint-Quentin.

Chez RIBAUD-LERADDE et DOLOY, Libraires.

1838.

Saint-Quentin.

Imprimerie D'ADOLPHE **MOUREAU**, Lithographe,
Grand'Place, n. 7.

PRÉFACE.

Au milieu de l'impulsion générale donnée à l'enseignement de la langue française, les grammaires élé-
mentaires se sont tellement multipliées, que ce n'est
point sans quelque défiance que nous nous hasardons
à offrir celle-ci au public. Toutefois, une longue expérience nous a convaincus que, malgré les efforts de
nos devanciers, il reste encore beaucoup à faire en ce
genre ; et l'approbation des instituteurs, nos confrè-
res, à qui nous avons soumis notre essai, nous fait
espérer qu'il répond en partie au but que nous nous
sommes proposé et aux besoins de l'enseignement.

Cette nouvelle Grammaire peut être, en quelque
sorte, considérée comme le code de la langue française :
elle ne contient que des textes et des exemples. Nous
l'avons dégagée de tous les commentaires superflus
dont ces sortes d'ouvrages sont le plus souvent chargés.
Notre but a été de faire une grammaire, non pour les
instituteurs, mais pour leurs élèves : c'est, de la
langue, tout ce qu'il faut apprendre par cœur, et
tout ce qu'on peut retenir. Les explications et tout ce
qui sert à rendre les règles plus claires et plus sensibles, sont du ressort du maître ; car lui seul peut
choisir et développer les raisonnemens les mieux ap-
propriés à l'intelligence de chacun de ses élèves : en
un mot, nous aidons le maître, mais nous ne le rem-
plaçons pas.

Fidèles à ce principe, nous avons élagué toutes les
règles qui, par leur application restreinte, semblent
n'avoir été inventées que pour multiplier les exceptions et les difficultés, et toutes celles qui ne s'ap-
puient ni sur un usage constant, ni sur des autorités

respectables. Lavaux, Boniface, Lemare, Girault-Duvivier et surtout le Dictionnaire de l'Académie, telles sont les sources auxquelles nous avons puisé. En cas de dissentiment, nous en avons toujours appelé au Dictionnaire de l'Académie, que nous regardons comme juge suprême en fait d'ouvrages classiques.

Nous avons partagé cette Grammaire en deux parties : la première traite de l'orthographe, la seconde de la construction. Cette division, toute naturelle, nous offre le précieux avantage de marcher d'un pas égal du simple au composé, et de graduer les difficultés suivant les progrès de l'élève : quand l'ordre que nous avons adopté se refuse à cette gradation, nous avons soin de faire disparaître cet inconvénient, par l'emploi de deux sortes de caractères ; de sorte que, dans un premier travail, on pourra se borner aux passages imprimés en plus gros caractères, et reserver le reste pour une seconde étude plus complète. Quant aux notes, elles ne devront être apprises qu'en raison de leur importance. Du reste, loin de nous la prétention d'imposer nos conseils à cet égard : les Instituteurs, à qui nous offrons le fruit de nos recherches, sauront apprécier quelle marche il faut suivre pour en tirer le meillenr avantage.

DE LA GRAMMAIRE.

PREMIÈRE PARTIE.

Introduction.

La Grammaire française est l'art de parler et d'écrire correctement en français.

Parler et écrire, c'est exprimer sa pensée par des mots.

Les mots sont des sons articulés par la bouche, ou représentés par des signes appelés lettres ou caractères.

L'alphabet français est composé de vingt-cinq lettres que l'on divise en voyelles et en consonnes.

Les voyelles sont *a e i o u* et *y* : elles ont seules la propriété de représenter les sons. (1)

Les consonnes sont *b c d f g h j k l m n p q r s t v x z ;* elles n'ont point de son et ne peuvent en former qu'avec le secours des voyelles, c'est pour cela qu'on les appelle consonnes, mot qui signifie sonner avec.

---

(1) Outre ces six voyelles, il y a encore, EU, OU ; les nazales AN, IN, ON, UN et celles-ci É È Ê. Il y a aussi des sons composés qu'on appelle diphthongues, ce sont : OI, OIN, UI, UIN, IA, IÉ, etc. Les mêmes sons, représentés par d'autres signes, sont appelés équivalens ; par exemple : EAU, AU, sont équivalens dè ò, EN, EM, AN, de AN.

Il y a deux sortes de voyelles ; les voyelles longues et les voyelles brèves.

Les voyelles longues sont celles qui doivent se prononcer lentement, comme dans : *pâte*, *gîte*, *fête* ; elles sont ordinairement indiquées par un accent circonflexe.

Les voyelles brèves sont celles qui se prononcent rapidement, comme dans : *dispute*, *gazette*.

Il y a quatre sortes d'*e*, l'*e* muet (*e*) qui ne se fait pas sentir, *homme*, *corbeau* : l'é fermé (*é*) que l'on prononce la bouche presque fermée, *vérité* ; l'è ouvert (*è*) que l'on prononce en desserrant les dents, *procès*, *accès* ; l'é long (*ê*) que l'on prononce en traînant dessus, *même*.

La lettre *h* est muette ou aspirée. L'*h* muette ne se fait pas sentir dans la prononciation, *l'homme*, *l'honneur* ; l'*h* aspirée se prononce fortement, le *héros*, la *haine*.

Y précédé d'une voyelle, a la valeur de deux *i*; *pays*, *moyen*, *joyeux* ; précédé d'une consonne, il n'a que la valeur de l'*i* simple, *étymologie*, *style*.

Il y a trois accens, l'accent aigu (*é*), l'accent grave (*è*) et l'accent circonflexe (*â ê*, etc).

L'apostrophe est une petite marque en forme de virgule dont on se sert pour indiquer l'élision d'une des lettres *a*, *e*, *i* : *l'amitié*, *l'état*, *l'horloge*, *s'il parle*, *quelqu'un*, pour la amitié, le état, la horloge, si il parle, etc.

Le tréma ; c'est ainsi qu'on appelle deux points que l'on place sur les voyelles *ï ü ë* pour avertir que ces voyelles doivent se prononcer séparément de celles qui les précèdent : *ciguë*, *naïve*, *Saül*.

La cédille est un signe que l'on place sous le *ç* avant *a*, *o*, *u*, pour avertir qu'il doit se prononcer comme *s* : *façade*, *leçon*, *reçu*.

Le trait d'union (-) sert à joindre ensemble plusieurs parties d'un mot ; *abat-jour*, *arc-en-ciel*.

Deux crochets ( ) dans lesquels on renferme des mots détachés placés au milieu d'une phrase, s'appellent parenthèse ; *celui qui refuse d'apprendre* (dit le sage), *restera ignorant.*

On appelle syllabe ce que l'on prononce en une seule émission de voix, *chat* fait une syllabe, *a-mi* en fait deux, *cha-ri-té* trois. On appelle monosyllabes, les mots d'une seule syllabe, et polysyllabes, ceux qui en contiennent un plus grand nombre.

Les mots dont la prononciation fait entendre les mêmes sons (*sans*, *sens*, *cent*) se nomment homonymes ; ceux qui ont à peu près la même signification (*pitié*, *compassion ; peine*, *souffrance*) sont appelés synonymes.

Il y a en français dix espèces de mots, savoir : le nom, l'article, l'adjectif, le pronom, le verbe, le participe, l'adverbe, la préposition, la conjonction et l'interjection. Ils se divisent en variables et en invariables.

CHAPITRE PREMIER.

DES MOTS VARIABLES.

Le Nom.

Le nom ou substantif est un mot qui sert à désigner une personne, une chose : *Auguste, maison, chandelle, beauté, laideur.*

Il y a quatre sortes de noms, le nom commun, le nom propre, le nom collectif et le nom composé.

Le nom commun est celui qui convient à tous les êtres de la même espèce : *fleuve, ville, maison, noisette.*

Le nom propre est celui qui ne convient pas à tous les êtres de la même espèce. (1) *Paris, la Seine, Louis.*

---

(1) Cette définition n'est pas logique, mais elle est préférable pour les enfans.

Le nom collectif est celui qui étant au singulier représente l'idée de plusieurs objets : *peuple*, *armée*, *troupe*. (1)

Le nom composé est celui qui est formé de plusieurs mots unis entr'eux par un trait d'union : *chef-d'œuvre*, *abat-jour*, *arc-en-ciel*.

Il y a en français deux genres, (2) le masculin et le féminin, les noms d'hommes ou de mâles sont du genre masculin : *homme*, *cheval*, *lion* ; les noms de femmes et de femelles, sont du genre féminin : une *femme*, une *lionne*. Les noms de choses ont aussi un genre que l'usage leur a donné : *argent*, *chapeau*, *couteau*, sont du masculin ; *robe*, *chemise*, *maison*, sont du féminin ; (il y en a qui ont les deux genres, nous en parlerons plus tard).

Il y a aussi deux nombres, (3) le singulier et le pluriel ; (4) un nom est du singulier quand il ne représente qu'une seule personne ou qu'une seule chose ; *un homme*, *une femme*, *mon livre* ; un nom est du pluriel quand il représente plusieurs personnes ou plusieurs choses : *les hommes*, *des femmes*, *mes livres*.

FORMATION DU PLURIEL DANS LES NOMS.

1°. Dans la plupart des noms, on forme le pluriel en ajoutant *s* au singulier : le livre, *les livres*, la maison, *les maisons*, le sou, *les sous*.

Exceptions.

1°. Les noms terminés au singulier par *s x* ou *z* ne changent pas au pluriel : le fils, *les fils* ; le bras, *les bras* ; le nez, *les nez* ; la voix, *les voix*, etc.

---

(1) Le collectif est ou général ou partitif, il est général quand il désigne l'universalité des objets, *l'armée*, *le peuple* ; il est partitif quand il n'en désigne qu'une partie, *une troupe* de pélérins, *une douzaine* d'assiettes.

(2) Le genre est la propriété qu'ont les noms de représenter le sexe réel ou fictif des êtres.

(3) Par nombre on entend l'unité ou la pluralité des objets.

(4) L'académie prononce et écrit plurier ou pluriel.

2°. Les noms terminés au singulier par *au*, *eu*, prennent *x* au pluriel : le couteau, *les couteaux* ; le feu, *les feux* ; *verveux* prend *x* au singulier, *un verveux* ; preux, lépreux, employés substantivement, conservent *x* au singulier.

3°. Les noms en *al* font leur pluriel en *aux* : cheval, *chevaux* ; général, *généraux* ; etc. Mais *aval*, *bal*, *cal*, *pal*, *régal*, *carnaval*, prennent *s* et font : *avals*, *bals*, *cals*, *pals*, etc. ; joignez-y *chacal*, *caracal*, *narval*, *nopal*, *pipal*, *serval*, *sandal* et *cérémonial*. (*Universel*, substantif, *fait universaux* ; *ce sont des universaux*).

2. 4°. Parmi les noms qui nous viennent des langues étrangères, il y en a qui ne varient pas au pluriel : des *duo*, des *errata*, des *duplicata*, des *ex-voto*, des *mezzo-termine*, des *pater*, des *ave*, des *requiem*, des *recto*, des *verso*, etc ; d'autres qui varient empruntent une *s* ; ce sont : *quolibets*, *récépissés*, *factums*, *pensums*, *échos*, *débets*, *verdicts*.

Remarques sur les Noms.

1°. Huit noms en *ou* prennent un *x* au pluriel : *hibou*, *genou*, *glouglou*, *caillou*, *chou*, *pou*, *joujou*, *bijou* ; (*houx*, *époux* et *courroux*, *toux* et *poiloux* s'écrivent au singulier comme au pluriel).

2°. Il y en a huit en *ail*, qui font *aux* au pluriel : *bail*, *émail*, *corail*, *soupirail*, *travail*, (1) *vantail*, *ventail* et *vitrail*.

3°. *Bétail* fait *bestiaux*, *ail*, (espèce d'oignon) fait *ails* et *aulx*, *bercail* ne s'emploie qu'au singulier.

4°. *Ciel* fait *cieux* quand il désigne tout le firmament, le paradis, partout ailleurs il prend *s* : *ciels de lit*, *ciels de tableaux*, etc. ; *le ciel d'Italie est un des plus beaux ciels*.

5°. *Œil* fait *yeux* en parlant de l'organe de la vue, et *œils* dans toute autre acception : (2) les *œils* du fromage, les *œils* de pain, etc.

6°. *Aïeul* a deux pluriels, il fait *aïeux* quand il désigne généralement nos ancêtres, et *aïeuls* quand il désigne précisément nos grands pères. (3)

---

(1) Travail prend *s* au pluriel quand il désigne des machines de maréchal, ou des comptes que rendent des administrateurs, des ministres, etc.

(2) Selon l'Académie, Trévoux, Boiste et Laveaux, on peut dire LES YEUX du pain, du fromage, de la soupe, etc.

(3) Aïeul a pour féminin aïeule : mon aïeule maternelle.

7°. Les noms suivans ne s'emploient qu'au pluriel : *alentours, annales, appas, archives, ciseaux, arrhes, bésicles, confins, décombres, entrailles, funérailles, mathématiques, obsèques, hardes, mânes, mœurs, pleurs, prémices, vêpres, ténèbres*, etc.

8°. Les noms qui désignent une chose unique en elle-même, ou considérée telle dans son espèce, se mettent au singulier : *l'eau, le plomb, l'honneur, la jeunesse, la faim, le monde*, etc. On dit bien au pluriel les *eaux*, les *plombs*, etc. ; mais alors on considère ces matières comme divisées ou mises en œuvre.

3. Les noms de choses qui se comptent, placés après les adverbes de quantité, *peu, beaucoup, moins, tant, autant*, etc., et après tous noms qui indiquent la pluralité, se mettent au pluriel ; *il y a beaucoup de pommes, peu de noisettes, un sac de pommes, un panier plein de cerises*, etc.; parce qu'il faut plus d'une pomme, d'une cerise, pour emplir un sac, un panier ; on dit : *cette année abonde en blé*, en *pommes*, selon que la chose est énumérative ou non. C'est dans ce même sens qu'on dit au singulier : *bouillon de veau, prévenances de mère*, et au pluriel: *bouillon de grenouilles, assemblée de juges*, etc.

4. Il est certains cas où le nombre dans les substantifs, est difficile à distinguer ; on peut poser en règle que les vues de l'esprit seules déterminent le nombre : ainsi, si celui qui écrit envisage plusieurs objets, il mettra le substantif au pluriel, et s'il n'envisage qu'un seul objet, il emploiera le singulier : *les têtes d'hommes sont plus expressives que celles de femmes. J'ai vu beaucoup de masques ; quand verrai-je des visages d'hommes ? Il repoussa l'ennemi à coups de poing et à coups de pied ; faire la route à pied. Sauter un fossé à pieds joints. Il y a trois sortes d'éloquence : des fruits à pépins, des fruits à noyau.* (1)

Toute sorte suivi d'un complément singulier, se met au singulier : *il a toute sorte de malheur* ; il admet les deux nombres avec un complément pluriel, *toute sorte* ou *toutes sortes de richesses*. On dit : *Toute chose a sa fin*, ou, *toutes choses ont leur fin*.

---

(1) *Remarques sur la désinence de certains mots.*

Les noms terminés au pluriel par AUX n'admettent point d'E muet dans leur construction, lorsqu'ils viennent d'un singulier en AL, CHEVAUX, TRAVAUX, etc.; BOYAU, HOYAU, GRUAU, JOYAU, NOYAU, SARRAU, ÉTAU, finissent aussi par AUX au pluriel, quoiqu'ils ne viennent pas d'un singulier en AL; CHAUX, FAUX (une) et TAUX, prennent X au singulier.

Grâce employé comme il suit : *rendre grâce*, prend le pluriel ou le singulier.

REMARQUES SUR LES NOMS PROPRES.

5. Les noms propres ne prennent pas la marque du pluriel :

Les deux Corneille se sont illustrés par la poésie. Le combat des Horace et des Curiace est un fait mémorable.

6. Mais quand ils ne sont employés que par comparaison ou pour désigner une collection d'individus d'une même famille illustre, ils prennent la marque du pluriel :

Un Auguste aisément peut faire des Virgiles.

La Seine a des Bourbons ; le Tibre des Césars.

On dit encore au pluriel, *des Virgiles, des Cicerons, des Homères*, etc. ; en parlant des ouvrages de ces mêmes hommes : *mon Virgile est perdu, mes deux Cicerons sont reliés en veau.* On dit encore dans ce sens : *des Poussins, des Raphaëls*, etc. , pour désigner des tableaux faits par ces célèbres peintres.

7. Les noms propres commencent toujours par une majuscule : *César, Antoine, Paris, Saint-Quentin*. Il en est de même des êtres moraux que l'on personnifie, et des noms communs employés comme des noms propres : *la Fortune, l'Envie, la Grammaire, la Géométrie, la Mer Rouge, les Français*, etc. (1)

SYNTAXE DES NOMS COMPOSÉS.

Il n'y a en général de variable dans les noms composés, que les adjectifs et les noms, et voici les règles auxquelles ils sont assujettis.

---

(1) On met encore des majuscules : 1°. au commencement d'un vers, d'une phrase, d'un alinéa, d'un discours intercalé, placé après deux points : Je ne suis pas de ceux qui disent : Ce n'est rien, c'est une femme qui se noie ; 2°. de certains mots qu'on a coutume d'abréger. M., Mad.

On écrit, au lieu de :

M^r.	Monsieur.	S. M. C.	Sa Majesté Catho.
Mad.	Madame.	S. M. T. C.	Id. Très-chrétien.
J.-C.	Jésus-Christ.	S. M. T. F.	Id. Fidèle.
N. S.	Notre Seigneur.	S. A. R.	Son Altesse Roy.
S. S.	Sa Sainteté.	S. Ex.	Son excellence.
S. M.	Sa Majesté.	S. Em.	Son éminence.
S. M. I.	Id. Impériale.	Mgr.	Monseigneur.
S. M. B.	Id. Britanique.		

8. 1º. Si le nom composé est formé d'un adjectif et d'un nom, cet adjectif et ce nom prennent tous deux la marque du pluriel : *une basse-cour, des basses-cours ; un chat-huant, des chats-huants.*

9. 2º. S'il est formé de deux noms joints ensemble par un trait d'union, ils prennent tous deux la marque du pluriel, *un chef-lieu, des chefs-lieux ; un chien-loup, des chiens-loups.*

10. 3º. Mais si, entre les deux noms, il y a une préposition, le premier seul prend la marque du pluriel : *un chef-d'œuvre, des chefs-d'œuvre ; de l'eau-de-vie, des eaux-de-vie.*

11. 4º. Si toutes les parties d'un nom composé sont invariables de leur nature, tels que les verbes, les adverbes et les prépositions, ces parties conservent toute leur invariabilité : *un passe-passe, des passe-passe ; un passe-partout, des passe-partout ; un pince-sans-rire, des pince-sans-rire ; un ou des on-dit ; un ou des ouï dire ; un ou des pourquoi.*

12. 5º. Si le nom composé est formé de parties invariables jointes à un mot variable, ce mot se met au nombre indiqué par l'idée qu'il exprime : *un essuie-mains, des essuie-mains ; un cure-dents, des cure-dents ; un serre-tête, des serre-tête ; un abat-jour, des abat-jour ; une contre-danse, des contre-danse ;* et en général il faut donner aux mots partiels le nombre que le sens exige sans égard au mot total ; on écrira donc, d'après ce principe et par exception apparente aux règles ci-dessus : des *blanc-seings* (des seings en blanc).

Un terre-plein, des terre-pleins (des lieux pleins de terre); *un chevau-léger, des chevau-légers* [un cavalier]. *Une grand'mère, des grand'mères ; une grand'messe, des grand'messes* [par euphonie].

Un appui-main, des appuis-main [un appui pour la main]; *un tête-à-tête, des tête-à-tête ; un pied à-terre, des pied-à-terre ; des pot-au-feu, des à-compte,* etc.

L'Article.

L'article est un mot que l'on emploie devant les noms et qui en fait connaître le genre et le nombre.

Les mots que l'on appelle articles sont *le, la, les, un, une, du, des, au, aux.*

Le, la, les, un, une, s'appellent articles simples ;
du, des, au, aux, s'appellent articles composés.

13. *Remarque :* On retranche *e* dans *le,* et *a* dans
la, quand le mot suivant commence par une voyelle (1)
ou une *h* muette, on dit : *l'âge* pour *le âge* ; *l'homme*
pour *le homme* ; *l'âme* pour *la âme* ; *l'horloge* pour
la horloge.

L'Adjectif.

L'adjectif est un mot qui marque une qualité ou une
manière d'être d'une personne ou d'une chose : *bon
père, mon cheval, le premier ange, toute personne,
nulle femme ; bon, mon, premier, toute* et *nulle* sont
adjectifs.

Les adjectifs se divisent en qualificatifs, verbaux,
possessifs, démonstratifs et numéraux, et sont en général susceptibles de genre, de nombre et de concor-
dance.

De l'Adjectif qualificatif.

L'adjectif qualificatif est un mot qui exprime une
qualité de la personne ou de la chose représentée par
le nom ; si je dis : *bon* père, *bonne* mère, *beau* cheval,
belle fleur, etc., ces mots *bon, bonne, beau, belle,*
sont des adjectifs joints aux noms *père, mère, cheval, fleur.*

FORMATION DU FÉMININ DANS LES ADJECTIFS.

14. On forme le féminin dans les adjectifs, en ajoutant un *e* muet au masculin : prudent, *prudente ;* mé-
chant, *méchante ;* petit, *petite ;* poli, *polie ;* vrai,
vraie ; bleu, *bleue.*

(1) Excepté devant *onze* et *onzième, oui* et *ouate.*

Les adjectifs terminés au masculin par un *e* muet, ne changent point au féminin : *aimable, utile, habile,* (1) *fidèle, rebelle* et *tranquille.*

Les adjectifs en *et* font leur féminin en *ette* : cet, *cette* ; muet, *muette* ; net, *nette.* Excepté *replet, secret, inquiet, complet, discret, concret, prêt, suret* qui font : *replète, secrète, inquiète, complète, discrète, concrète, prête, surète.*

15. Les adjectifs en *el, eil, ul,* font leur féminin en *elle, eille, ulle* : *tel, telle* ; *cruel, cruelle* ; *pareil, pareille* ; *nul, nulle,* etc.

Les adjectifs terminés par *en, on,* doublent leur dernière consonne : ancien, *ancienne* ; bon, *bonne.*

Malin, bénin, font au féminin *maligne, bénigne.*

Beau, nouveau, fou, mou, vieux, font au féminin : *belle, nouvelle, folle, molle, vieille.* Ces quatre adjectifs font encore au masculin, *bel, nouvel, fol, mol, viel,* devant une voyelle ou une *h* muette : *bel* oiseau, *nouvel* an, *fol* espoir, *mol* abandon, *vieil* homme.

Blanc, franc, sec, public, caduc, turc, grec, long, oblong, font au féminin : *blanche, franche, sèche, publique, caduque, turque, grecque, longue, oblongue.*

16. Les adjectifs en *f,* font leur féminin en *ve* : natif, *native* ; actif, *active* ; bref, *brève* ; neuf, *neuve.*

Les adjectifs en *an* doublent au féminin leur dernière consonne : *paysan, partisan,* font *paysanne, partisanne,* etc. ; excepté *anglican, océan, persan, mahométan, ottoman, sultan,* qui prennent un *e* muet sans doubler la consonne finale.

L'adjectif *plusieurs* ne varie jamais : *plusieurs hommes, plusieurs femmes.*

____

(1) REMARQUES. *Sextil, bissextil, civil, puéril, incivil, vil, viril* et *volatil,* sont les seuls adjectifs de cette terminaison qui s'écrivent sans *e* au masculin : un homme *civil,* ils en prennent un au féminin sans doubler la consonne : une femme *civile.*

Les adjectifs terminés par *ais*, *is*, *us*, prennent un *e* muet au féminin : mauvais, *mauvaise* ; précis, *précise* ; confus, *confuse*. Excepté *épais* et *frais* qui font au féminin *épaisse* et *fraîche*.

Les adjectifs terminés par *as*, *ès*, *os*, forment le féminin en *se* ; gras, *grasse* ; las, *lasse* ; exprès, *expresse* ; gros, *grosse*. Excepté *ras*, *éclos*, qui font *rase*, *éclose* ; *châtain*, *dispos*, *fat*, *grognon*, *suspens*, *témoin* n'ont point de féminin ; *ponceau* (adj.) ne varie point.

Les adjectifs terminés par *ot* prennent un *e* muet au féminin : dévot, *dévote* ; excepté *sot*, qui fait au féminin *sotte*. *Coi* et *tiers* font *coite* et *tierce*.

Les adjectifs terminés par *x*, changent cette consonne en *se* : heureux, *heureuse* ; jaloux, *jalouse*. Excepté *doux*, *roux*, *faux*, *préfix*, qui font *douce*, *rousse*, *fausse*, *préfixe* ; *hébreu* n'a pas de féminin : *hébraïque*, s'emploie pour les deux genres, mais il ne s'applique qu'aux choses : *langue hébraïque*, *caractères hébraïques*. (Académie).

Les noms en *eur* font *euse* quand ils dérivent d'un participe présent ; dans le cas contraire ils font *trice* , exemple : *trompeur* fait *trompeuse* parce qu'il vient de trompant, et *tuteur* fait *tutrice*, attendu qu'il ne peut venir de *tutant* qui est un barbarisme.

Sont exceptés de cette règle : 1°. *Exécuteur*, *persécuteur*, *débiteur*, *inspecteur*, *inventeur*, qui font *exécutrice*, *persécutrice*, *débitrice*, *inspectrice*, *inventrice*. 2°. *Pécheur*, *chasseur*, *vengeur*, *bailleur*, *défendeur*, *demandeur* et *devineur* qui font *pécheresse*, *chasseresse* (poétique), *vengeresse*, *bailleresse*, *défenderesse*, *demanderesse*, *devineresse* ; *serviteur*, *gouverneur*, font *servante*, *gouvernante*.

17. Les adjectifs en *érieur*, ainsi que *majeur*, *mineur*, *meilleur*, forment leur féminin régulièrement en prenant un *e* muet : *supérieur*, *supérieure*, *inférieur*, *inférieure* ; etc.

Les noms qualificatifs exprimant une profession or-

dinairement exercée par les hommes s'écrivent **au mas-**
culin comme au féminin, *imprimeur, auteur, mo-*
niteur, facteur, amateur, etc., sont de ce nombre :
Madame Deshouillières est auteur, poète, etc.

Formation du Pluriel dans les Adjectifs.

18. On forme le pluriel dans les adjectifs comme
dans les noms, en ajoutant une *s* à la fin : *bon, bonne;*
au pluriel *bons, bonnes.*

Les adjectifs terminés au singulier par *s* ou *x*, ne
changent point au pluriel masculin ; *un œuf frais, des*
œufs frais ; un homme heureux, des hommes heureux.

Les adjectifs terminés par *au*, prennent *x* au pluriel :
beaux, nouveaux.

Fou, mou, bleu, feu, hébreu, font : *fous, mous,*
bleus, feus, hébreux.

Les adjectifs en *al*, font leur pluriel masculin en *aux* :
égal, original, occidental, trivial, brutal, impar-
tial, font : *égaux, originaux, triviaux, brutaux,*
impartiaux, etc.

Il y a des adjectifs en *al*, qui prennent *s* au pluriel,
tels sont : *fatal, final, glacial, initial, labial, na-*
val, pénal, théâtral, etc., qui font : *fatals, fi-*
nals, etc.

Bénéficial, diamétral, médicinal, matinal, dia-
gonal, instrumental, pascal, etc., ne s'emploient
pas au pluriel masculin. (1)

Degrés de signification dans les Adjectifs qualificatifs.

On distingue dans la plupart des adjectifs trois degrés de
signification, savoir : le Positif, le Comparatif et le Superlatif.

---

(1) Remarque. On supprime ordinairement le *t* dans les
noms et dans les adjectifs terminés en *ent* ou en *ant* et l'on
écrit: *des parens, des enfans prudens,* etc. ; mais on le
conserve dans les monosyllabes *dents, lents, gants,* etc.
Cependant l'usage veut qu'on écrive au pluriel *gens* et *tous:*
toutefois, le mot *tout* employé comme nom conserve le *t*
au pluriel ; *les villages sont des touts collectifs.*

L'adjectif est au positif quand il exprime simplement la qualité : *grande maison, beau bouquet ; beau, grande* sont au positif.

L'adjectif est au comparatif, quand la qualité est exprimée avec comparaison ; or, quand on compare deux choses, il en résulte que l'une est ou égale, ou inférieure, ou supérieure à l'autre.

On forme le comparatif d'égalité en mettant *aussi, autant,* devant l'adjectif : *Cicéron était aussi éloquent que Démosthènes.*

On forme le comparatif d'infériorité, en mettant *moins, pas, si,* devant l'adjectif. *La lune n'est pas si brillante que le soleil.*

On forme le comparatif de supériorité en mettant *plus : la vertu est plus utile que la science.*

Nous avons trois adjectifs qui expriment seuls une comparaison : *meilleur* au lieu de *plus bon*, qui ne se dit pas ; *pire* au lieu de *plus mauvais ; moindre* au lieu de *plus petit.*

Remarque. L'adjectif *petit* appliqué à une chose qui se mesure, ne peut être remplacé par *moindre ;* il ne faut pas dire : *ma fille est moindre que sa mère*, pour faire entendre qu'elle est plus petite de taille.

Nous avons encore des adjectifs qui ne peuvent s'employer au comparatif, tels sont : *unique, préférable, présent, futur,* etc., on ne dit pas : plus *unique,* moins *présent,* plus *futur,* etc.

Le superlatif est l'adjectif exprimant la qualité portée au suprême degré, soit absolument, soit relativement ; delà, le superlatif absolu et le superlatif relatif ; on exprime le premier en mettant *très, fort, extrémement* devant l'adjectif : *cette femme est très-sage, Cicéron était fort éloquent ;* le second, en mettant *le, la, les,* ou *mon, ton, son, notre, votre, leur,* etc., avec *plus* ou *moins* devant l'adjectif : le cheval est *le plus utile* des animaux, la rose est *la plus belle fleur* que je connaisse, *mon meilleur ami, mes plus chères délices.*

DE L'ADJECTIF VERBAL,

ET DES ADJECTIFS POSSESSIFS, DÉMONSTRATIFS, ETC.

Les adjectifs verbaux sont ceux qui viennent des verbes, comme *vieillard honoré, horloge sonnante.*

Les adjectifs possessifs, sont ceux qui marquent la possession ; ce sont, au singulier masculin : *mon*, *ton*, *son* ; au singulier féminin : *ma*, *ta*, *sa* ; pour les deux genres, au singulier : *notre*, *votre*, *leur* ; et au pluriel, pour les deux genres : *mes*, *tes*, *ses*, *nos*, *vos*, *leurs*.

Mon, *ton*, *son*, s'emploient aussi au féminin devant une voyelle ou une *h* muette : *mon âme*, *ton humeur*, *son oreille*, pour *ma âme*, *ta humeur*, *sa oreille*.

Les adjectifs démonstratifs sont ceux dont on se sert pour indiquer, démontrer ; ce sont, au masculin singulier : *ce*, *cet* ; au féminin : *cette* ; pour les deux genres au pluriel : *ces* ; *ce cheval*, *cet homme*, *cette femme*, *ces enfans*, *ces plumes*.

Les adjectifs numéraux sont ceux qui ont rapport aux nombres ; il y en a de deux sortes ; les cardinaux qui marquent simplement le nombre, comme : *un*, *deux*, *trois*, *quatre*, *cinq*, *six*, *dix*, *cent*, etc., et les *ordinaux* qui marquent l'ordre, (1) le rang, ce sont : *premier*, *second*, *troisième*, *quatrième*, *cinquième*, etc.

Remarque. On appelle en général adjectifs déterminatifs, ceux qui font entendre une personne ou une chose particulière ; comme les adjectifs possessifs, démonstratifs et numéraux, etc.

Accord des Adjectifs.

19. L'adjectif s'accorde en genre, en nombre, avec le nom ou pronom qu'il qualifie : *bon père*, *bonne mère*, *beaux jardins*, *elle est bonne*, *ils sont bons*. (2)

20. L'adjectif se rapportant à deux noms singuliers se met au pluriel : *mon père et mon frère sont contens* ; *ma mère et ma sœur sont contentes*.

21. L'adjectif, se rapportant à plusieurs noms de différens genres se met au masculin pluriel : *mon père et ma mère sont contents*.

---

(1) Mieux vaudrait les appeler adjectifs d'ordre.
(2) L'adjectif relatif à un pronom pluriel employé pour un singulier, se met au singulier ; *vous êtes triste, ma fille*, et en parlant à un enfant, on dira : *soyez sage*.

22. L'adjectif placé immédiatement après plusieurs substantifs de différens genres, et ayant une terminaison particulière et sensible à l'oreille pour chaque genre, s'accorde
avec le dernier seulement, s'il est féminin, et se met au
masculin pluriel si le dernier substantif est masculin : *Un
courage et une foi nouvelle ; une foi et un courage nouveaux.*

23. L'adjectif accompagnant plusieurs substantifs liés par
ou, s'accorde avec celui dont il est le plus proche, c'est-à-
dire, avec le premier, s'il les précède, et avec le dernier
s'il les suit : *quel est l'homme ou la femme ? quelle est la
femme ou l'homme ? A votre perte ou à votre salut est attachée la perte ou le salut de tous ceux qui vous environ-
nent. Un homme ou une femme noyée ; une femme ou un
homme noyé.* Il y a exception : 1º. quand le mot qui suit est
synonyme ou explicatif du premier. Exemple : *la polygamie
ou l'usage d'avoir plusieurs femmes, était permise aux
Juifs.*

24. 2º. Quant on veut précisément qualifier les noms unis
par ou : *les Samoïèdes se nourrissent de chair ou de pois-
son crus.*

25. L'adjectif placé après plusieurs substantifs doit s'accorder avec le dernier quand il modifie celui-ci seulement.
*Les Egyptiens aimaient la solidité et la régularité toute
nue.* (Bossuet.) *Cet homme avait un habit et un pantalon
collant. L'ordre et l'utilité publique ne peuvent être le fruit
du crime.* (Massillon).

26. L'adjectif placé après plusieurs substantifs liés par
comme, de même que, ainsi que, aussi bien que, etc.,
s'accorde avec le premier : *L'autruche a la tête, de même
que le cou, garnie de duvet.*

27. L'adjectif placé après plusieurs substantifs liés par
de, s'accorde avec celui qui domine le plus dans la pensée :
*On trouva la moitié du camp brûlée. Une masse de mai-
sons désagréable à la vue. Une masse de maisons cons-
truites en briques. Des chapeaux de paille cousue, des
chapeaux de paille garnis.*

28. L'adjectif placé après plusieurs substantifs synonymes
ou employés par gradation (ce qui est indiqué ordinairement
par une virgule qui les sépare), s'accorde avec le dernier :
*Il a montré une réserve, une retenue digne d'éloges. Toute
sa vie n'a été qu'un travail, qu'une occupation continu-
elle. Le fer, le bandeau, la flamme est toute prête.*

29. Certains substantifs de choses matérielles, employés
comme adjectifs, ne suivent pas la règle des adjectifs or-
dinaires : *Des ceintures orange ; des souliers ponceau , des*

rubans paille ; c'est comme s'il y avait, couleur d'orange, de ponceau, de paille.

30. Quand deux adjectifs placés après un substantif sont liés par un trait d'union, le premier joue un rôle d'adverbe, et le second seul s'accorde : *des enfans nouveau-nés, des blés clair-semés, des femmes court-vêtues.* Il n'y a d'exception que dans cette phrase : *des fleurs fraîches-cueillies.* Ce dernier accord est un accord euphonique.

31. Si le premier des deux adjectifs liés par un trait d'union ne peut se tourner par un adverbe, tous les deux doivent s'accorder : *des oranges aigres-douces, des enfans morts-nés, des hommes morts-ivres (ou ivres-morts).*

32. On fait encore accorder des adjectifs qui se suivent quand on peut les unir par la conjonction *et*, ex : *des étoffes bleues-claires,* pour dire *des étoffes bleues et claires.*

33. Quand deux adjectifs liés par un trait d'union sont employés sans nom exprimé, le premier doit être considéré comme substantif, et tous les deux doivent varier : *des nouveaux-nés, des nouveaux-débarqués, des premiers-nés.*

34. Lorsque deux adjectifs liés par un trait d'union sont disposés de manière que le second modifie le premier, tous les deux restent invariables : *des étoffes rose-tendre, bleu-ciel, blond-foncé, châtain-clair, vert-foncé, gros-vert,* c'est-à-dire *d'un bleu-foncé, d'un bleu-ciel,* etc.

35. Quand un adjectif est joint à un verbe pour le modifier, il devient alors adverbe et reste invariable : *ces messieurs parlent haut, voient clair. Ces fleurs sentent bon, les hirondelles volent bas. Fort* modifiant un adjectif est aussi adverbe : *ils sont fort sages, fort prudens.*

36. Les adjectifs *ci-joint, ci-inclus, y compris, excepté, supposé, vu,* sont invariables, placés avant le substantif : *vous trouverez ci-joint une lettre de ma tante, ci-inclus l'adresse de votre oncle;* mais ils s'accordent, placés après le substantif : *je vous envoie cette lettre ci-jointe, ci-incluse,* etc.

37. L'adjectif *nu* placé devant un substantif est invariable : *une femme nu-tête, nu-bras;* placé après le substantif, il s'accorde avec lui : *une femme tête-nue, bras-nus.* Cependant on écrit : *la nue-propriété.* (Acad). Dans l'expression *à nu, nu* est toujours invariable : *il exposa les circonstances à nu.*

38. L'adjectif *demi* placé avant un substantif est invariable : *une demi-heure,* mais placé après, il en prend le

genre : *une heure et demie. Demi* ne prend *s* que quand il est employé comme substantif : *cette horloge marque les heures et les demies.*

39. *Nul et aucun* ne peuvent se joindre qu'à des noms singulier : *nul homme , aucune femme ;* ou à des noms qui ne s'emploient ordinairement qu'au pluriel : *aucunes mœurs, nulles prévenances.* On dit aussi : *aucunes troupes* parce que troupes n'a pas le même sens au pluriel qu'au singulier.

40. *Chaque* est un adjectif indéfini invariable : *chaque homme , chaque femme ,* il précède toujours le substantif.

41. L'adjectif *feu* est invariable quand il est séparé du substantif par l'article : *feu la reine , feu ma tante ;* mais il s'accorde s'il est placé immédiatement avant le substantif : *la feue reine , ma feue tante.* (1)

42 On écrit : *le premier et le second volume* (volume au singulier); *le deuxième et le troisième étage* (étage au sing.)

43. L'adjectif placé immédiatement avant *gens* se met au féminin pluriel : *ces bonnes gens , de sottes gens ,* il s'accommode *de toutes gens* [2], mais placé après , il se met au masculin pluriel : *des gens malheureux.* L'adjectif séparé du mot *gens* par un verbe , se met au masculin : *quels sont ces gens ? tels étaient ces gens.*

Si plusieurs adjectifs précèdent le mot *gens* , tous se mettent au féminin, si celui qui précède immédiatement le mot *gens* a une terminaison particulière pour chaque genre : *quelles bonnes gens ! quelles sottes gens !* mais ils se mettent au masculin, si l'adjectif placé avant gens , n'a qu'une terminaison pour les deux genres : *quels honnêtes gens ! quels braves gens !*

44. Souvent , le nom auquel l'adjectif se rapporte est sous-entendu , exemple : en parlant de pommes, on dira : *on en trouve beaucoup de belles , mais peu de mûres.*

45. *Quelque* devant un substantif pluriel , prend une *s* : *quelques hommes.*

Quelque devant un adjectif pluriel suivi d'un substantif, prend encore une *s. J'ai lu quelques bons auteurs , quelques bons auteurs que j'aie lus ;* dans ce cas , il peut toujours se tourner par certain , *certains bons auteurs.* [3]

---

[1] Chapsal n'accorde pas de pluriel à l'adjectif feu; Boniface propose d'écrire , mes feus oncles.

[2] Mais tout reste au masculin pluriel quand gens est suivi de quelque mot déterminatif: tous les gens sensés, tous les gens raisonnables.

(3) Il y a exception quand quelque a la signification de à quelque degré que, comme dans cet exemple: quelque bons capitaines que fussent Annibal et Napoléon , ils ont été vaincus.

46. *Quelque* devant un adjectif pluriel suivi d'un *que*, est invariable : *quelque bons que soient les hommes, quelque instruites que soient ces personnes.* (1)

47. *Quelque* devant un verbe s'écrit en deux mots ; *quel* est un adjectif qui s'accorde avec le substantif ou pronom sujet du verbe, et *que* est une conjonction. *Quel que soit l'homme, quelle que soit la femme, quels que soient les hommes, quels que soient l'homme et la femme. Quel que soit cet homme ou cette femme, quelle que soit cette femme ou cet homme, quels que soient ces hommes ou ces femmes.*

Tout adverbe signifie *tout-à-fait, quoique*, et reste invariable : *Tout aimable qu'est la vertu ; elle est tout étonnée ; tout spirituels qu'ils sont; tout élégamment qu'elle est vêtue.* On dira encore : *ces petites filles sont tout aimables* ou *toutes aimables*, selon l'idée qu'on y attache.

49. *Tout* quoique adverbe varie quand l'adjectif ou le participe qui suit, est féminin, et commence par une consonne ou une *h* aspirée : *Elle est toute stupéfaite, toute hardie qu'elle est ; toutes spirituelles qu'elles sont.* C'est l'oreille qui exige alors la variabilité de *tout.*

50. *Tout* suivi de *autre* et d'un substantif, est adverbe quand il est précédé de *une: Donnez-moi une tout autre occupation ; une tout autre place qu'un trône eût été indigne d'elle.* Alors *tout* signifie *tout-à-fait*, et modifie *autre.* Non précédé de *une, tout* est alors adjectif, et signifie *chaque : Toute autre occupation, toute autre place qu'un trône;* c'est-à-dire, *chaque autre occupation, chaque autre place qu'un trône.*

51. *Tout* est adverbe quand il est suivi immédiatement d'un substantif employé sans aucun déterminatif: *Le chien est tout ardeur, les Français sont tout feu, nous étions tout yeux, tout oreilles :* ces substantifs font la fonction d'adjectif, c'est comme s'il y avait: *le chien est tout ardent,* etc. (Chapsal.)

52. On dit encore avec *tout* invariable, *tout Rome le sait, tout Naples en a été témoin.*

53. *Même* accompagnant un seul substantif ou un pronom, est ordinairement adjectif et s'accorde avec ce substantif ou ce pronom : *Les mêmes alarmes, les Dieux eux-mêmes, ces murs mêmes parleraient.* [2]

______

(1) Il en est de même de quelque, modifiant un adverbe : quelque richement parées que soient mes sœurs.

(2) Même joint aux pronoms nous, vous, eux, elles, se met au pluriel : nous-mêmes que ferons-nous? qu'en pensez-vous vous-mêmes? etc. Il y a exception pour nous et vous employés pour un singulier.

54. *Même* signifiant *aussi*, *de plus*, *encore*, est adverbe, et par conséquent, invariable : *Les animaux, les plantes* MÊME *se montraient sensibles. On fait souvent vanité des actions,* MÊME *les plus criminelles.*

55. *Témoin*, au commencement d'une phrase, et *à témoin*, dans le corps d'une phrase, sont toujours pris adverbialement et comme tels, ils restent invariables : *Témoin ces messieurs ; messieurs, je vous prends à* TÉMOIN. Ailleurs *témoin* prend *s* : *vous êtes* TÉMOINS ; *Messieurs, je vous prends pour témoins.*

56. *Cause*, employé sans déterminatif, reste invariable : *nous sommes cause.*

57. *Cher* employé pour *chèrement*, reste invariable : *Ces marchandises coûtent cher, se vendent cher.* — Dans un autre sens, *cher* jouit de toutes ses propriétés ; *Mes chers parens ; ma patrie m'est chère.*

58. *Avoir l'air bon ou bonne.* Lorsqu'on veut qualifier l'extérieur, l'air de la personne ou de la chose dont on parle, on fait accorder l'adjectif avec le substantif air : *Elle a l'air bon, l'air parisien ; la tuile a l'air plus gai que le chaume.* — Si l'on veut qualifier la personne ou la chose dont on parle, on fait accorder l'adjectif avec le nom de la personne ou de la chose : *Elle a l'air enceinte, l'air spirituelle, l'air bonne; cette poire a l'air cuite; cette terre a l'air ensemencée.* (voir Lavaux et l'Académie).

Observations Particulières

SUR LES NOMS DE NOMBRE ET SUR LES ADJECTIFS
NUMÉRAUX.

59. *Tous les noms de nombre sont invariables excepté un, vingt et cent; un* fait au féminin *une : vingt et une personnes.*

60. *Un* employé substantivement, reste invariable : *trois un (111) font cent onze.*

61. *Vingt* et *cent* multipliés par un autre adjectif de nombre et suivis ou censés suivis d'un nom qui n'est pas un nom de nombre, prennent *s* : *quatre-vingts hommes, six cents francs ; de deux mille qu'ils étaient, il n'en reste plus que deux cents, que quatre-vingts ; cent* prend encore *s* quand il est employé comme nom : *deux cents d'œufs, trois cents de paille.* (1)

---

(1) 1re. *Remarque.* Vingt et cent employés pour les nombres ordinaux correspondans ne varient jamais : Chapitre

62. Mais si le nom qui suit est un nom de nombre, *vingt* et *cent*, restent invariables : *Deux cent quatre-vingt-dix hommes.* (1)

63. *Mille* ne varie jamais : *deux mille francs, vingt mille francs.*

64. *Mil* ne s'emploie que pour la date des années : *l'an mil huit cent ;* cependant, pour les années qui précèdent ou qui suivent notre époque, on écrit *mille: l'an mille, l'an deux mille deux cent.*

65. *Mille* marquant une étendue de chemin prend *s : les milles d'Angleterre sont à peu près le tiers de nos lieues.*

DU PRONOM.

Le pronom est un mot que l'on met à la place d'un nom. Les pronoms se divisent en pronoms personnels, réfléchis, relatifs, démonstratifs, possessifs, interrogatifs et indéfinis.

1°. Les pronoms personnels sont ceux qui désignent les personnes.

Les pronoms de la première personne sont : *je , me , moi* pour le singulier, *nous* pour le pluriel. — Ils sont du genre de la personne qui parle. (2)

Les pronoms de la deuxième personne sont : *tu , te ,*

---

quatre- vingt , page deux cent. L'emploi des cardinaux pour les ordinaux est ordinairement admis pour compter les heures , les jours, les années et les princes qui ont porté le même nom, on dit : il est quatre heures , pour il est la quatrième heure ; le cinq mai mil huit cent trente-trois, pour le cinquième jour de mai de la mil huit cent trente-troisième année ; Louis quatorze , pour Louis quatorzième.

(1) *Remarque.* On met toujours un trait d'union entre les adjectifs de nombre destinés à en composer un seul : vingt-cinq, quatre-vingt-dix , etc. Le trait d'union est remplacé par la conjonction et dans vingt et un , trente et un , quarante et un , cinquante et un , soixante et un , mais il reparaît dans quatre-vingt-un , cent-un , cent-dix , etc.

(2) On emploie souvent nous pour je, un auteur écrira : Nous sommes content de notre ouvrage.

toi pour le singulier, *vous* pour le pluriel. — Ils sont aussi du genre de la personne à laquelle on parle. (1)

Pronoms de la troisième personne.

Mas. Sing.	Fém. Sing.	Masc. Plur.	Fém. Plur.
il, le,	*elle, la,*	*ils, eux,*	*elles.*

Lui sert pour les deux genres.

Les, leur, se, soi s'emploient pour les deux genres et pour les deux nombres.

En et *y* sont d'autres pronoms qui servent aussi pour les deux genres et pour les deux nombres.

Remarque

SUR LES PRONOMS PERSONNELS.

Me s'emploie pour *à moi*, *te* pour *à toi*, *se* pour *à soi*, *à lui*, *à eux*, *à elles*; *nous* pour *à nous*; *vous* pour *à vous*; *leur* pour *à eux*, *à elles*; *en* signifie *de cela*, *de cette chose*; *y* signifie *à cela*, *à cet endroit-là*.

Les pronoms réfléchis sont ceux qui marquent le rapport d'une personne à elle-même, tels sont : *me, te, se, nous, vous* dans *je me flatte? tu te flattes, il se flatte, nous nous flattons, vous vous flattez, ils se flattent.*

Les pronoms relatifs sont ceux qui tiennent la place d'un nom ou d'un autre pronom qui précède, ce sont: *qui, que, quoi, dont* (2), *lequel, la-quelle, de la quelle, lesquels, lesquelles* et *desquels: Dieu qui peut*

------

(1) Par politesse, on se sert de vous au singulier au lieu de tu, par exemple, en parlant à un enfant, on dit : Vous êtes bien aimable. Dans les deux cas, l'adjectif ou le participe reste au singulier.

(2) Dont s'emploie pour de laquelle, duquel, desquels, par exemple, au lieu de dire ; la femme dont je parle, on peut dire : la femme de laquelle je parle.

tout, ma mère que j'aime, nous qui étudions, etc.
Le premier *qui* tient la place de *Dieu,* le second tient
la place de *nous,* et *que* tient la place de *mère ; Dieu,
mère* et *nous* s'appellent antécédens.

Les pronoms démonstratifs sont ceux qui en rappe-
lant le nom, représentent ou démontrent les objets,
ce sont : *ce, celui, celui-ci, celui-là, celle, celle-ci,
celle-là, ceux, ceux-ci, ceux-là, celles, celles-ci,
celles-là, ceci, cela.*

66. *Remarque.* Il ne faut pas confondre *ce* pronom
démonstratif : *ce que, ce fut, ce dont,* ou *ce* adjectif
démonstratif : *ce village, ce hameau,* avec *se* pronom réfléchi : *il se trompe, ils se flattent.*

Les pronoms possessifs sont ceux qui rappellent le
nom, en marquant la possession de l'objet; ce sont,
au masculin singulier : *le mien, le tien, le sien, le
nôtre, le vôtre, le leur;* au féminin singulier : *la
mienne, la tienne, la sienne, la nôtre, la vôtre, la
leur ;* au masculin pluriel : *les miens, les tiens, les
siens ;* au féminin pluriel : *les miennes, les tiennes,
les siennes ;* et pour les deux genres : *les nôtres, les
vôtres, les leurs.*

Les pronoms interrogatifs sont ceux qui servent à
interroger, comme : *que? qui? quoi? à quoi? que
dites-vous? qui va là? à quoi penses-tu?*

Les pronoms indéfinis sont ceux qui ont une signification vague et indéterminée, ce sont : *on, quelqu'un, quiconque, chacun, autrui, personne, rien,
nul, aucun, tel,* etc. (1)

Accord des Pronoms avec le Nom.

67. Les pronoms doivent toujours être du même

---

(1) Les adjectifs aucun, nul, certain, plusieurs, tel,
tout, doivent être considérés comme pronoms indéfinis quand
ils ne sont pas joints à des noms, comme dans : je n'en veux
aucun, nul n'est content, plusieurs croient, tout était là.
Dans ce nouvel emploi, ils sont soumis aux mêmes règles
qu'auparavant : on dira donc en parlant d'un homme : nul ou
aucun n'est venu, et en parlant de troupes de guerre, nulles ou aucunes n'ont mieux rempli leur devoir.

genre, et du même nombre que les substantifs dont ils tiennent la place ; ainsi en parlant d'un homme, dites : *il est bon*, d'une femme, *elle est bonne*, de plusieurs hommes, *ils sont bons*, de plusieurs femmes, *elles sont bonnes* ; *Les horreurs de la révolution anglaise révoltent*, *celles de la révolution française sont épouvantables.* Cependant *celui, celle*, peuvent s'employer au singulier ou au pluriel quoique la chose n'ait encore été énoncée qu'au pluriel ou au singulier, exemple : *de toutes ces robes, voici celle qui me plaît. Cette histoire me rappelle celles que j'ai apprises l'an passé.*

68. Les pronoms relatifs *lequel, laquelle, lesquels, auquel, auxquels, auxquelles*, s'accordent comme l'adjectif avec les noms qu'ils représentent : *L'homme auquel je m'adresse ; la femme à laquelle je parle ; les dames auxquelles je me suis adressé.*

69. Si le pronom relatif est placé après plusieurs substantifs synonymes, ou unis par la conjonction *ou*, l'accord a lieu avec le dernier : *Une bravoure, une intrépidité à laquelle rien ne résiste ; un courage ou une prudence à laquelle on prodigue des éloges.*

Le *qui* relatif est toujours du même genre, du même nombre et de la même personne que son antécédent ; par conséquent, on dit : *moi qui ai vu, toi qui as vu, nous qui avons vu, eux qui ont vu.*

Mais dans les phrases suivantes et leurs analogues, le pronom et le verbe qui en dépend, se mettent à la troisième personne ou à l'une des deux premières selon que le sujet de la phrase et l'antécédent du *qui* offrent à l'esprit l'idée de deux êtres différents, ou identiques ; on écrira donc : *Nous sommes deux qui partent* ou *qui partons demain. Nous fûmes les premiers qui montèrent* ou *qui montâmes à l'assaut ; Il n'y a que vous trois, mes amis, qui puissiez* ou *qui puissent me tirer d'embarras.* Fénélon a dit : *Je suis Diomède, roi d'Italie, qui blessai Vénus au siége de Troie ; blessa* serait également bien.

On dira aussi : *ce n'est ni vous, ni moi, ni personne qui peut deviner cette énigme*, parce que le mot personne résume ce qui précède.

70. *L'un et l'autre* relatif à deux noms, ou de genre, ou de nombre différent, se met toujours au masculin singulier :

J'avais une femme et deux enfans la mort m'a ravi l'un et l'autre.

71. Lorsqu'il y a trois objets on peut employer le singulier ou le pluriel : *Voici trois bouteilles dans lesquelles il y a des restes , il faut les verser l'une dans l'autre ou les unes dans les autres. Ces trois religieux sont soumis l'un à l'autre ou les uns aux autres. Mes deux sœurs et mon frère sont arrivés l'un après l'autre ou les uns après les autres ;* avec des noms pluriels, le singulier n'est permis que dans les cas analogues à celui-ci : *Les générations se succèdent l'une à l'autre* , parce qu'il n'y a jamais qu'une seule génération pour succéder à une autre. Il en est de même quand on dit : *Les rois de France occupent le trône l'un après l'autre.*

72. *Première Remarque. On et quiconque* employés vaguement sont toujours masculin singulier; mais ils sont du féminin quand ils se rapportent évidemment à une femme : *On est chérie de ses enfans , quand on est bonne mère ; quiconque est bonne épouse est aimée de son mari.* (1) *On,* devient pluriel quand le sens indique qu'il se rapporte à plusieurs personnes : en ménage , *on* est heureux quand on est bien unis.

73. *Deuxième Remarque.* On emploie le pronom *le* pour représenter un qualificatif ou une proposition entière, exemple : *Êtes-vous mariée? êtes-vous mère ?* je le suis. *Êtes-vous contentes, mesdames?* — Nous le sommes. C'est-à-dire : *je suis cela , nous sommes cela. Ferez-vous ce que je vous ai commandé ?* — je le ferai.

DU VERBE.

Le verbe est un mot dont on se sert pour exprimer que l'on est ou que l'on fait quelque chose : ainsi le mot *être , je suis* , est un verbe ; le mot *lire , je lis,* est un verbe.

Pour reconnaître si un mot est un verbe, on essaie de mettre devant ce mot les pronoms *je , tu , il , nous , vous ,* etc. Par exemple: comme je puis dire: *je parle, tu parles , il parle , nous parlons ,* etc.; je conclus que *parler* est un verbe. C'est la personne et le nombre

---

(1) Il est à remarquer que quiconque tient lieu de deux sujets.

du pronom qui déterminent toujours la personne et le nombre du verbe : dans *je parle*, *parle* est au singulier et de la première personne parce que *je* est du singulier et de la première personne ; *nous parlons*, *parlons* est du pluriel et de la première personne parce que *nous* est du pluriel et de la première personne. Et dans *il ou elle chante*, *le Rossignol chante ; chante* est du singulier et de la troisième personne, parce que *il*, *elle* et tout nom singulier placé avant un verbe marquent une troisième personne singulière.

Les pronoms et les noms ainsi placés avant un verbe se nomment sujets du verbe ; pour connaître le sujet d'un verbe, on fait sur ce verbe l'une des questions *qu'est-ce qui ?* ou *qui est-ce qui ?* et le mot qui vient en réponse à la question, en est le sujet ; ainsi quand je dis : *Dieu aime les hommes*, si je veux connaître le sujet du verbe *aime*, je pose ainsi la question : qui est-ce qui aime les hommes ? la réponse étant Dieu ; *Dieu* est donc, le sujet du verbe aime.

Le mot sur lequel se porte directement l'action du verbe, et qui, avec le verbe complète la pensée, s'appelle régime direct de ce verbe, et le mot sur lequel l'action du verbe ne tombe qu'indirectement, s'appelle régime indirect.

Le régime direct répond à la question *qui ?* ou *quoi ?* faite sur le verbe : *j'aime ma mère ;* j'aime qui ? *ma mère ; mère* est le régime direct du verbe *j'aime. Je chante un air*, je chante quoi ? *un air ; air* est le régime du verbe *chante.*

Le régime indirect, répond à la question *à qui ? de qui ? J'ai donné un habit à un pauvre*, à qui ? *à un pauvre ; à un pauvre* est le régime indirect du verbe *donné. Je reçois une lettre de mon ami*, de qui ? *de mon ami ; mon ami*, est le régime indirect de *reçois.*

Le verbe subit différentes modifications ou changemens pour indiquer le nombre, la personne, le mode et le temps.

Le nombre est la forme que prend le verbe pour

indiquer un rapport à une ou plusieurs personnes, à une ou plusieurs choses.

La personne est une désinence du verbe qui fait connaître laquelle des personnes fait ou souffre ce que le verbe exprime : *J'aime, nous aimons, nous sommes aimés.*

Le mode est une manière de présenter l'idée : Il y a cinq modes.

1°. L'indicatif qui affirme que la chose est, a été, ou sera. *Je chante, je chantais, je chanterai,* etc. Ce mode a huit temps.

2°. Le conditionnel qui annonce qu'une chose serait ou aurait été moyennant une condition : *Je parlerais, seigneur, si votre honneur l'exigeait.* Ce mode a trois temps.

3°. L'impératif qui exprime le commandement: *Etudiez vos leçons.* Ce mode n'a qu'un temps.

4°. Le subjonctif qui marque le souhait ou le doute: Je souhaite *que votre père vienne* bientôt ; je doute *qu'il arrive* demain. Ce mode a quatre temps.

5°. L'infinitif qui exprime l'action en général, sans nombre ni personne, comme *écrire, parler, dormir,* etc. Ce mode a quatre temps.

Le temps est une modification du verbe indiquant une époque relative aux trois divisions principales de la durée, le passé, le présent et le futur.

Le passé et le futur se subdivisent à l'infini et chaque subdivision principale a dans chaque mode, une forme qui lui est propre. Le passé en a cinq, le futur deux, le présent n'en a qu'une: parce qu'il est un point indivisible ; nous allons les connaître toutes en conjuguant.

Conjuguer, c'est écrire ou répéter de vive voix un verbe avec toutes les formes propres aux modes, aux temps, aux nombres et aux personnes.

Il y a quatre conjugaisons différentes que l'on distingue par la terminaison du présent de l'infinitif.

La première conjugaison a l'infinitif présent terminé en *er* comme aimer.

La deuxième conjugaison a le présent de l'infinitif terminé en *ir* comme finir.

La troisième a le présent de l'infinitif terminé en *oir* comme recevoir, pourvoir.

La quatrième a le présent de l'infinitif terminé en *re* comme rendre.

Il y a six sortes de verbes, savoir : auxiliaires, actifs, passifs, neutres, réfléchis (réciproques ou pronominaux) et unipersonnels.

Les verbes *auxiliaires* sont ceux qui aident à conjuguer les autres dans leurs temps composés. Il n'y en a que deux, *avoir* et *être*.

Verbe Auxiliaire *Avoir*.

INDICATIF.

PRÉSENT.

J'ai.
Tu as.
Il a.
Nous avons.
Vous avez.
Ils ont.

IMPARFAIT.

J'avais.
Tu avais.
Il avait.
Nous avions.
Vous aviez.
Ils avaient.

PASSÉ DÉFINI.

J'eus.
Tu eus.
Il eut.
Nous eûmes.
Vous eûtes.
Ils eurent.

PASSÉ INDÉFINI.

J'ai eu.
Tu as eu.
Il a eu.
Nous avons eu.
Vous avez eu.
Ils ont eu.

PASSÉ ANTÉRIEUR.

J'eus eu.
Tu eus eu.
Il eut eu.
Nous eûmes eu.
Vous eûtes eu.
Ils eurent eu.

PLUS-QUE-PARFAIT.

J'avais eu.
Tu avais eu.
Il avait eu.
Nous avions eu.
Vous aviez eu.
Ils avaient eu.

FUTUR.

J'aurai.
Tu auras.
Il aura.
Nous aurons.
Vous aurez.
Ils auront.

FUTUR ANTÉRIEUR.

J'aurai eu.
Tu auras eu.
Il aura eu.
Nous aurons eu.
Vous aurez eu.
Ils auront eu.

CONDITIONNEL

PRÉSENT.

J'aurais.
Tu aurais.
Il aurait.
Nous aurions.
Vous auriez.
Ils auraient.

1er CONDIT. PASSÉ.

J'aurais eu.
Tu aurais eu.
Il aurait eu.
Nous aurions eu.
Vous auriez eu.
Ils auraient eu.

2e. CONDIT. PASSÉ.

J'eusse eu.
Tu eusses eu.
Il eût eu.
Nous eussions eu.
Vous eussiez eu.
Ils eussent eu.

IMPÉRATIF. (1)

Aie.
Ayons.
Ayez,

SUBJONCTIF.

PRÉSENT *ou* FUTUR.

Que j'aie.
Que tu aies.
Qu'il ait. (2)
Que nous ayons.
Que vous ayez.
Qu'ils aient.

IMPARFAIT.

Que j'eusses.
Que tu eusses.
Qu'il eût.
Que nous eussions.
Que vous eussiez.
Qu'ils eussent.

PASSÉ.

Que j'aie eu.
Que tu aies eu.
Qu'il ait eu.

Que nous ayons eu.
Que vous ayez eu.
Qu'ils aient eu.

PLUS-QUE-PARFAIT.

Que j'eusse eu.
Que tu eusses eu.
Qu'il eût eu.
Que n. eussions eu.
Que v. eussiez eu.
Qu'ils eussent eu.

INFINITIF.

PRÉSENT.

Avoir.

PASSÉ.

Avoir eu.

PARTICIPE.

PRÉSENT.

Ayant.

PASSÉ.

Eu, eue, ayant eu.

Verbe Auxiliaire *Être.*

INDICATIF.

PRÉSENT.

Je suis.
Tu es.
Il est.
Nous sommes.
Vous êtes.
Ils sont.

IMPARFAIT.

J'étais.
Tu étais.
Il était.

Nous étions.
Vous étiez.
Ils étaient.

PASSÉ DÉFINI.

Je fus.
Tu fus.
Il fut.
Nous fûmes.
Vous fûtes.
Ils furent.

PASSÉ INDÉFINI.

J'ai été.
Tu as été.
Il a été.

Nous avons été.
Vous avez été.
Ils ont été.

PASSÉ ANTÉRIEUR.

J'eus été.
Tu eus été.
Il eut été.
Nous eûmes été.
Vous eûtes été.
Ils eurent été.

PLUS-QUE-PARFAIT.

J'avais été.
Tu avais été.

---

(1) Il faut remarquer que ce temps n'a ni 1re personne du singulier, ni de 3e. personne pour les deux nombres.

(2) Remarquez que la troisième personne de ce temps finit par *t* dans les deux verbes auxiliaires, tandis qu'elle finit par *e* dans tous les autres verbes.

Il avait été.
Nous avions été.
Vous aviez été.
Ils avaient été.

FUTUR.

Je serai.
Tu seras.
Il sera.
Nous serons.
Vous serez.
Ils seront.

FUTUR ANTÉRIEUR

J'aurai été.
Tu auras été.
Il aura été.
Nous aurons été.
Vous aurez été.
Ils auront été.

CONDITIONNEL

PRÉSENT.

Je serais.
Tu serais.
Il serait.
Nous serions.
Vous seriez.
Ils seraient.

1er CONDIT. PASSÉ.

J'aurais été.
Tu aurais été.
Il aurait été.

Nous aurions été.
Vous auriez été.
Ils auraient été.

2e. CONDIT. PASSÉ

J'eusse été.
Tu eusses été.
Il eût été.
Nous eussions été.
Vous eussiez été.
Ils eussent été.

IMPÉRATIF.

Sois.

Soyons.

Soyez.

SUBJONCTIF.

PRÉSENT *ou* **FUTUR.**

Que je sois.
Que tu sois.
Qu'il soit.
Que nous soyons.
Que vous soyez.
Qu'ils soient.

IMPARFAIT.

Que je fusse.
Que tu fusses.
Qu'il fût.
Que nous fussions.
Que vous fussiez.
Qu'ils fussent.

PASSÉ.

Que j'aie été.
Que tu aies été.
Qu'il ait été.
Que nous ayons été.
Que vous ayez été.
Qu'ils aient été.

PLUS-QUE-PARFAIT

Que j'eusse été.
Que tu eusses été.
Qu'il eût été.
Que n. eussions été.
Que v. eussiez été.
Qu'ils eussent été.

INFINITIF.

PRÉSENT.

Être.

PASSÉ.

Avoir été.

PARTICIPE.

PRÉSENT.

Étant.

PASSÉ.

Été, ayant été.

Verbes Actifs ou Transitifs.

On appelle verbes Actifs, ceux qui expriment une action qui tombe ou qui peut tomber immédiatement sur un objet. On les reconnaît en ce que l'on peut toujours mettre après ces verbes, *quelqu'un ou quelque chose* : ainsi, *Aimer*, *Recevoir*, etc., sont des verbes actifs, parce qu'on peut dire *aimer* quelqu'un, *recevoir* quelque chose.

PREMIÈRE CONJUGAISON EN *ER*.

INDICATIF.

PRÉSENT.

Je chant*e*.
Tu chant*es*.
Il chant*e*.
Nous chant*ons*.
Vous chant*ez*.
Ils chant*ent*.

IMPARFAIT.

Je chant*ais*.
Tu chant*ais*.
Il chant*ait*.
Nous chant*ions*.
Vous chant*iez*.
Ils chant*aient*.

PASSÉ DÉFINI.

Je chant*ai*.
Tu chant*as*.
Il chant*a*.
Nous chant*âmes*.
Vous chant*âtes*.
Ils chant*èrent*.

PASSÉ INDÉFINI.

J'ai chanté.
Tu as chanté.
Il a chanté.
Nous avons chanté.
Vous avez chanté.
Ils ont chanté.

PASSÉ ANTÉRIEUR.

J'eus chanté.
Tu eus chanté.
Il eut chanté.
Nous eûmes chanté.
Vous eûtes chanté.
Ils eurent chanté.

PLUS-QUE-PARFAIT.

J'avais chanté.
Tu avais chanté.
Il avait chanté.
Nous avions chanté.
Vous aviez chanté.
Ils avaient chanté.

FUTUR.

Je chant*erai*.
Tu chant*eras*.
Il chant*era*.
Nous chant*erons*.
Vous chant*erez*.
Ils chant*eront*.

FUTUR ANTÉRIEUR.

J'aurai chanté.
Tu auras chanté.
Il aura chanté.
Nous aurons chanté.
Vous aurez chanté.
Ils auront chanté.

CONDITIONNEL.

PRÉSENT.

Je chant*erais*.
Tu chant*erais*.
Il chant*erait*.
Nous chant*erions*.
Vous chant*eriez*.
Ils chant*eraient*.

1er CONDITIONNEL PASSÉ

J'aurais chanté.
Tu aurais chanté.
Il aurait chanté.
Nous aurions chanté.
Vous auriez chanté.
Ils auraient chanté.

2e. CONDITIONNEL PASSÉ

J'eusse chanté.
Tu eusses chanté.
Il eut chanté.
Nous eussions chanté.
Vous eussiez chanté.
Ils eussent chanté.

IMPÉRATIF.

Chant*e*.
Chant*ons*.
Chant*ez*,

SUBJONCTIF.

PRÉSENT *ou* FUTUR.

Que je chant*e*.
Que tu chant*es*.
Qu'il chant*e*.
Que nous chant*ions*.
Que vous chant*iez*.
Qu'ils chant*ent*.

IMPARFAIT.

Que je chant*asse*.
Que tu chant*asses*.
Qu'il chant*ât*.
Que n. chant*assions*.
Que v. chant*assiez*.
Qu'ils chant*assent*.

PASSÉ.

Que j'aie chanté.
Que tu aies chanté.
Qu'il ait chanté.
Que n. ayons chanté.
Que v. ayez chanté.
Qu'ils aient chanté.

PLUS-QUE-PARFAIT.

Que j'eusse chanté.
Que tu eusses chanté.
Qu'il eût chanté.
Que n. eussions chanté
Que v. eussiez chanté.
Qu'ils eussent chanté.

INFINITIF.

PRÉSENT.

Chant*er*.

PASSÉ.

Avoir chanté.

PARTICIPE.

PRÉSENT.

Chant*ant*.

PASSÉ.

Chanté , Chantée ,
Ayant chanté.

Observations

sur les Verbes de la première Conjugaison.

1º. *G* avant *a*, *o*, doit toujours être suivi d'un *e* muet : mangeons, purgeons, dégageant, mangeais, purgeais, dégageais, etc. *C* prend une cédille avant *a*, *e*, *u* : j'agaçai, nous agaçons, perçu, etc.

2º. Dans les verbes en *eler*, *eter*, on double la consonne *l* ou *t* toutes les fois qu'elle est suivie d'un *e* muet : *appeler*, *amonceler*, *niveler*, *jeter*, etc. ; *j'appelle*, *j'amoncelle*, *je nivelle*, *je jette*, *je cachette*, *j'appellerai*, *j'amoncellerai*, *je cachetterai*, etc. ; (1) mais si l'*é* pénultième est surmonté d'un accent, comme : *béler*, *céler*, *végéter*, *empiéter*, etc., la consonne *l* ou *t* ne se double pas et l'accent aigu se remplace par un accent grave, *je bèle*, *tu cèles*, *il végète*, *qu'il empiète* ; etc.

Ceux qui ont deux consonnes comme *exceller*, *émietter*, les conservent partout.

3º. Les verbes terminés en *iant*, *yant*, au participe présent comme *crier*, *prier*, *broyer*, *payer*, qui font *criant*, *priant*, *broyant*, *payant*, prennent un *i* de plus aux deux personnes plurielles de l'imparfait de l'indicatif et du présent du subjonctif : *criant*, nous *criions* ; *priant*, nous *priions* ; *payant* vous *payiez*, etc. ; (2) cette remarque s'étend à toutes les conjugaisons.

Dans les verbes, l'*y* se change en *i* simple toutes les fois qu'il est suivi d'un *e* muet, comme : *j'emploie*, *je déploie*, *j'emploierai*, *je déploierai*, et non ; *je ploye*, *j'employe*, *je déployerai*, etc.

4º. Dans les verbes achever, mener, peser, etc., il faut mettre un accent grave sur le pénultième *e* toutes les fois que cet *e* est suivi d'une syllabe formée d'une seule consonne et d'un *e* muet final : *j'achève*, *je pèse*, *tu mènes*, *ils mènent*, *ils pèsent*, etc. ; (3) parce que notre langue ne souffre jamais deux *e* muets de suite à la fin des mots ; mais dans la

---

(1) L'Académie et quelques grammairiens exceptent bourreler, déceler, geler, harceler, peler, acheter, crocheter, étiqueter, et écrivent : bourrèle, décèle, achète.

(2) On dit au subjonctif sans mettre un *i* après *y* : que nous ayons, quoiqu'il vienne de ayant.

(3) Il y a exception pour les verbes en *xer*, *je vexe*, etc.

terminaison *ge*, c'est un accent aigu au lieu d'un accent grave : *assiége*, *allége*, etc. (1)

Les verbes terminés à la 2e. personne du singulier de l'impératif par une voyelle prennent *s* lorsqu'ils sont suivis de *y* ou de *en* : *Vas-y*, *donnes-en*. Mais cela n'a pas lieu si *y* et *en* sont régimes d'un verbe placé après : *Va y voir*, *va en chercher*. (Laveaux).

Dans les verbes en *uer*, on met un tréma sur l'ï qui suit *u*, afin qu'on ne prononce pas suïons comme suivions; il en est de même des verbes en *ure* lorsque *u* est suivi de *i* : *que nous excluïons*, *que vous excluïez*, etc. (2)

5o. Les verbes en *guer* comme *voguer*, *naviguer*, conservent l'*u* dans tous leurs temps, ainsi l'on écrit : *naviguant*, *voguant*, *naviguons*, *voguons*, *voguâmes*, etc. ; et non, *navigant*, *vogant*, *vogons*, etc. ; quant à ceux en *quer*, comme *vaquer*, *croquer*, ils n'offrent aucune difficulté ; on sait qu'il faut écrire : *vaquant*, *vaquons* ; on dit bien une place *vacante*, une femme *fabricante*, mais alors *vacante*, *fabricante*, sont des adjectifs et non des participes présens. (3)

SECONDE CONJUGAISON EN *IR*.

INDICATIF.	IMPARFAIT.	PASSÉ DÉFINI.
PRÉSENT.		
Je finis.	Je finissais.	Je finis.
Tu finis.	Tu finissais.	Tu finis.
Il finit.	Il finissait.	Il finit.
Nous finissons.	Nous finissions.	Nous finîmes.
Vous finissez.	Vous finissiez.	Vous finîtes.
Ils finissent.	Ils finissaient.	Ils finirent.

---

(1) Cette observation s'étend aux noms et aux adjectifs, comme : père, mère, amère, légère, siége, collége, et non pas : pére, siège, collège, allège.

(2) Cette remarque s'applique aussi aux adjectifs féminins en *güe* : ambigüe, contigüe, etc.

(3) Il y a exception pour les adjectifs qui dérivent immédiatement d'un substantif, comme attaquable de attaque ; remarquable de remarque, etc. ; joignez-y (un) croquant, et immanquable.

PASSÉ INDÉFINI.

J'ai fini.
Tu as fini.
Il a fini.
Nous avons fini.
Vous avez fini.
Ils ont fini.

PASSÉ ANTÉRIEUR.

J'eus fini.
Tu eus fini.
Il eut fini.
Nous eûmes fini.
Vous eûtes fini.
Ils eurent fini.

PLUS-QUE-PARFAIT.

J'avais fini.
Tu avais fini.
Il avait fini.
Nous avions fini.
Vous aviez fini.
Ils avaient fini.

FUTUR.

Je finirai.
Tu finiras.
Il finira.
Nous finirons.
Vous finirez.
Ils finiront.

FUTUR ANTÉRIEUR.

J'aurai fini.
Tu auras fini.
Il aura fini.
Nous aurons fini.
Vous aurez fini.
Ils auront fini.

CONDITIONNEL.

PRÉSENT.

Je finirais.
Tu finirais.
Il finirait.
Nous finirions.
Vous finiriez.
Ils finiraient.

1er CONDITION. PASSÉ.

J'aurais fini.
Tu aurais fini.
Il aurait fini.
Nous aurions fini.
Vous auriez fini.
Ils auraient fini.

2e. CONDITION. PASSÉ.

J'eusse fini.
Tu eusses fini.
Il eût fini.
Nous eussions fini.
Vous eussiez fini.
Ils eussent fini.

IMPÉRATIF.

Finis.
Finissons.
Finissez.

SUBJONCTIF.

PRÉSENT *ou* FUTUR.

Que je finisse.
Que tu finisses.
Qu'il finisse.
Que nous finissions.
Que vous finissiez.
Qu'ils finissent.

IMPARFAIT.

Que je finisse.
Que tu finisses.
Qu'il finît.
Que nous finissions.
Que vous finissiez.
Qu'ils finissent.

PASSÉ.

Que j'aie fini.
Que tu aies fini.
Qu'il ait fini.
Que nous ayons fini.
Que vous ayez fini.
Qu'ils aient fini.

PLUS-QUE-PARFAIT.

Que j'eusse fini.
Que tu eusses fini.
Qu'il eût fini.
Que nous eussions fini.
Que vous eussiez fini.
Qu'ils eussent fini.

INFINITIF.

PRÉSENT.

Finir.

PASSÉ.

Avoir fini.

PARTICIPE.

PRÉSENT.

Finissant.

PASSÉ.

Fini, finie, ayant fini.

Remarques.

SUR QUELQUES VERBES DE LA SECONDE CONJUGAISON.

1º. Il y a des verbes en *ir* qui se terminent par e au présent de l'indicatif, je couvre, je souffre, je cueille, etc. ; d'autres par *ours, eurs* ou *ens*, comme : *je cours, je meurs,*

je sens, je mens, tu mens, il ment, etc. ; *vêtir* fait *je vêts,
tu vêts, il vêt, nous vêtons, vous vêtez, ils vêtent.* (1)

2°. *Bénir* a deux participes passés, *bénit, bénite,* pour
les choses sanctifiées par une cérémonie religieuse: *du pain
bénit, de l'eau bénite ; béni, bénie,* dans toute autre acception: *Un peuple béni de Dieu, des âmes bénies de Dieu;*
on dit aussi sans *t : le prêtre a béni la victime.*

3°. *Haïr* fait au singulier du présent de l'indicatif, *je hais,
tu hais, il hait,* et à l'impératif, seconde personne singulière : *hais,* que l'on prononce ; *je hès, tu hes, il het ;* ailleurs il conserve le tréma qui remplace l'accent circonflexe:
nous haïmes, qu'il haït.

4°. *Fleurir* pris au figuré fait au participe présent *floris-
sant* et à l'imparfait *je florissais: Sous Auguste, l'empire
Romain florissait :* mais dans son acception propre, il fait:
*fleurissant, je fleurissais. Dès hier, les fleurs de mon
parterre fleurissaient.* (2)

3°. *Ressortir* a deux participes présents ; il fait *ressor-
tant* quand il signifie *sortir de nouveau,* et *ressortissant*
quand il signifie être du ressort d'une juridiction.

Troisième Conjugaison en *oir*.

INDICATIF.	IMPARFAIT.	PASSÉ DÉFINI.
PRÉSENT.	Je pourvoyais.	Je pourvus.
Je pourvois.	Tu pourvoyais.	Tu pourvus.
Tu pourvois.	Il pourvoyait.	Il pourvut.
Il pourvoit.	Nous pourvoyions.	Nous pourvûmes.
Nous pourvoyons.	Vous pourvoyiez.	Vous pourvûtes.
Vous pourvoyez.	Ils pourvoyaient.	Ils pourvurent.
Ils pourvoient.		

---

(1) Delille a dit : De leur molle toison les brebis se vêtissent.
Ceci doit être regardé comme une licence permise seulement en
poésie.

(2) REMARQUE. Les verbes terminés en ins à la première personne
singulière du passé défini font înmes à la première personne plurielle: nous vînmes, nous tînmes, etc., sans changer n en m quoique cette règle s'observe pour tous les sons nasals placés avant les
consonnes b , p , m; bombe, pompe, commun; il faut aussi en
excepter bonbon , et la syllabe médiale de embonpoint.

PASSÉ INDÉFINI.

J'ai pourvu.
Tu as pourvu.
Il a pourvu.
Nous avons pourvu.
Vous avez pourvu.
Ils ont pourvu.

PASSÉ ANTÉRIEUR.

J'eus pourvu.
Tu eus pourvu.
Il eût pourvu.
Nous eûmes pourvu.
Vous eûtes pourvu.
Ils eurent pourvu.

PLUS-QUE-PARFAIT.

J'avais pourvu.
Tu avais pourvu.
Il avait pourvu.
Nous avions pourvu.
Vous aviez pourvu.
Ils avaient pourvu.

FUTUR.

Je pourvoirai.
Tu pourvoiras.
Il pourvoira.
Nous pourvoirons.
Vous pourvoirez.
Ils pourvoiront.

FUTUR ANTÉRIEUR.

J'aurai pourvu.
Tu auras pourvu.
Il aura pourvu.
Nous aurons pourvu.
Vous aurez pourvu.
Ils auront pourvu.

CONDITIONNEL.

PRÉSENT.

Je pourvoirais.
Tu pourvoirais.
Il pourvoirait.
Nous pourvoirions.
Vous pourvoiriez.
Ils pourvoiraient.

1er CONDIT. PASSÉ.

J'aurais pourvu.
Tu aurais pourvu.
Il aurait pourvu.
Nous aurions pourvu.
Vous auriez pourvu.
Ils auraient pourvu.

2e. CONDIT. PASSÉ.

J'eusse pourvu.
Tu eusses pourvu.
Il eût pourvu.
Nous eussions pourvu.
Vous eussiez pourvu.
Ils eussent pourvu.

IMPÉRATIF.

Pourvois.
Pourvoyons.
Pourvoyez.

SUBJONCTIF.

PRÉSENT *ou* FUTUR.

Que je pourvoie.
Que tu pourvoies.
Qu'il pourvoie.
Que nous pourvoyions.
Que vous pourvoyiez.
Qu'ils pourvoient.

IMPARFAIT.

Que je pourvusse.
Que tu pourvusses.
Qu'il pourvût.
Que n. pourvussions.
Que v. pourvussiez.
Qu'ils pourvussent.

PASSÉ.

Que j'aie pourvu.
Que tu aies pourvu.
Qu'il ait pourvu.
Que n. ayons pourvu.
Que v. ayez pourvu.
Qu'ils aient pourvu.

PLUS-QUE-PARFAIT.

Que j'eusse pourvu.
Que tu eusses pourvu.
Qu'il eût pourvu.
Q. n. eussions pourvu.
Q. v. eussiez pourvu.
Qu'ils eussent pourvu.

INFINITIF.

PRÉSENT.

Pourvoir.

PASSÉ.

Avoir pourvu.

PARTICIPE.

PRÉSENT.

Pourvoyant.

PASSÉ.

Pourvu , pourvue ,
Ayant pourvu.

Boire, reboire, croire et *accroire* sont les seuls verbes de cette désinence qui appartiennent à la quatrième conjugaison et que l'on puisse confondre avec ceux de la troisième en *oir.*

QUATRIÈME CONJUGAISON EN *RE*.

INDICATIF.

PRÉSENT.

Je rends.
Tu rends.
Il rend.
Nous rendons.
Vous rendez.
Ils rendent.

IMPARFAIT.

Je rendais.
Tu rendais.
Il rendait.
Nous rendions.
Vous rendiez.
Ils rendaient.

PASSÉ DÉFINI.

Je rendis.
Tu rendis.
Il rendit.
Nous rendîmes.
Vous rendîtes.
Ils rendirent.

PASSÉ INDÉFINI.

J'aï rendu.
Tu as rendu.
Il a rendu.
Nous avons rendu.
Vous avez rendu.
Ils ont rendu.

PASSÉ ANTÉRIEUR.

J'eus rendu.
Tu eus rendu.
Il eut rendu.
Nous eûmes rendu.
Vous eûtes rendu.
Ils eurent rendu.

PLUS-QUE-PARFAIT.

J'avais rendu.
Tu avais rendu.
Il avait rendu.
Nous avions rendu.
Vous aviez rendu.
Ils avaient rendu.

FUTUR.

Je rendrai.
Tu rendras.
Il rendra.
Nous rendrons.
Vous rendrez.
Ils rendront.

FUTUR ANTÉRIEUR.

J'aurai rendu.
Tu auras rendu.
Il aura rendu.
Nous aurons rendu.
Vous aurez rendu.
Ils auront rendu.

CONDITIONNEL.

PRÉSENT.

Je rendrais.
Tu rendrais.
Il rendrait.
Nous rendrions.
Vous rendriez.
Ils rendraient.

1er CONDITION. PASSÉ.

J'aurais rendu.
Tu aurais rendu.
Il aurait rendu.
Nous aurions rendu.
Vous auriez rendu.
Ils auraient rendu.

2e. CONDITION. PASSÉ.

J'eusse rendu.
Tu eusses rendu.
Il eût rendu.
Nous eussions rendu.
Vous eussiez rendu.
Ils eussent rendu.

IMPÉRATIF.

Rends.
Rendons.
Rendez.

SUBJONCTIF.

PRÉSENT *ou* FUTUR.

Que je rende.
Que tu rendes.
Qu'il rende.
Que nous rendions.
Que vous rendiez.
Qu'ils rendent.

IMPARFAIT.

Que je rendisse.
Que tu rendisses.
Qu'il rendît.
Que nous rendissions
Que vous rendissiez.
Qu'ils rendissent.

PASSÉ.

Que j'aie rendu.
Que tu aies rendu.
Qu'il ait rendu.
Que nous ayons rendu.
Que vous ayez rendu.
Qu'ils aient rendu.

PLUS-QUE-PARFAIT.

Que j'eusse rendu.
Que tu eusses rendu.
Qu'il oût rendu.
Que n. eussions rendu.
Que v. eussiez rendu.
Qu'ils eussent rendu.

INFINITIF.

PRÉSENT.

Rendre.

PASSÉ.

Avoir rendu.

PARTICIPE.

PRÉSENT.

Rendant.

PASSÉ.

Rendu, rendue, ayan
rendu.

Observations

Sur la quatrième Conjugaison.

1º. *Résoudre* a deux participes et fait *résous* (invariable) quand il signifie se convertir en quelqu'autre chose: *la neige, en tombant, s'est* RÉSOUS *en pluie ; et résolu* quand il est employé pour décider, déterminer, etc. ; *j'ai résolu mon probléme.*

2º. On ne met point d'*n* avant le *g* dans les personnes des verbes en *eindre, aindre* ou *oindre*, tels que : *peindre, joindre*, etc. ; on écrit : *peignant, joignant, peignons, joignons, joignez, peignez.*

REMARQUE. Ces mêmes verbes perdent le *d* aux troisièmes personnes singulières du présent de l'indicatif: *je joins, tu joins, il joint, je crains, tu crains, il craint ;* il en est de même pour ceux en *soudre ; j'absous, tu absous, il absout.* On se contente de supprimer *s* à la troisième personne des verbes terminés par *ds, cs, ts, je vends, tu vends, il vend ; je vaincs, tu vaincs, il vainc ; je bats, tu bats, il bat ;* si la première personne finit par *x*, on change *x* en *t* à la troisième : *je veux, tu veux, il veut.*

3º. Dans les verbes en *aître*, *i* conserve l'accent circonflexe quand il est suivi d'un *t :* il connaît ; mais cet accent disparaît avec le *t :* nous connaissons; il en est de même des verbes en *oître : il croît.*

4º. Tous les verbes en *ire* font *ivant* ou *isant* au participe présent ; excepté : *rire, maudire* et *bruire.*

Des Temps des Verbes.

Les temps des verbes se divisent en temps simples et en temps composés, en temps primitifs et en temps dérivés.

Les temps simples sont ceux qui n'empruntent pas un des temps du verbe *avoir* ou du verbe *être*, comme : *je chante, je bénis.*

Les temps composés sont ceux qui se conjuguent avec le participe passé et l'un des temps du verbe *avoir* ou du verbe *être*, comme : *j'ai chanté, il est tombé, nous avons dormi, elle serait morte*, etc.

Les temps primitifs sont ceux qui servent à former les temps dérivés. Tous les temps qui ne sont pas primitifs sont dérivés.

Il y a cinq temps primitifs, savoir : 1º. le présent de l'infinitif, 2º. le participe présent, 3º. le participe passé, 4º. le présent de l'indicatif, 5º. le passé défini.

Formation des temps dérivés.

1º. De l'infinitif on forme le futur simple en changeant *r*, *oir* ou *re* en *rai*. (1)

Chanter.	Je chanterai. (1º)	(1) Pour avoir le condi-
Bénir.	Je bénirai. (2º)	tionnel présent il faut ajou-
Devoir.	Je devrai. (3º)	ter *s* au futur sans excep-
Vendre.	Je vendrai. (4º)	tion : *je chanterais , je bé-*
		nirais , etc.

Exceptions.

(1º) Envoyer, j'enverrai ; aller, j'irai.

(2º) Tenir, je tiendrai ; courir, je courrai; cueillir, je cueillerai ; trésaillir, je trésaillerai; mourir, je mourrai; acquérir, j'acquerrai, tu acquerras, etc.

(3º) Avoir, j'aurai; échoir, j'écherrai; surseoir, je surseoirai; pouvoir, je pourrai; prévoir, je prévoirai; pourvoir, je pourvoirai; s'asseoir, je m'asseierai ou je m'assiérai; voir, je verrai; vouloir, je voudrai ; falloir, il faudra ; pleuvoir, il pleuvra.

(4º) Faire, je ferai ; être, je serai.

Du Participe Présent on forme :

1º. Les trois personnes plurielles du présent de l'indicatif en changeant *ant* en *ons* pour la première personne , en *ez* pour la deuxième et en *ent* pour la troisième.

Chantant.	nous chantons, vous chantez , ils chantent.
Bénissant.	nous bénissons, vous bénissez, ils bénissent.
Devant.	nous devons, vous devez, ils doivent. (*Evant* se change en *oive* à cette 3ᵉ. personne).
Vendant.	nous vendons, vous vendez, ils vendent.

Exceptions.

Première personne. Etant, nous sommes ; ayant, nous avons ; sachant, nous savons.

Deuxième personne. Etant, vous êtes ; ayant, vous avez ; sachant, vous savez ; disant, vous dites [redire fait aussi vous redites ; mais les autres composés se forment régulièrement et font médisez , contredisez, etc.] Faisant, vous faites [tous les composés de ce dernier sont aussi exceptés et font : contrefaites, satisfaites, défaites, etc.]

Troisième personne. Allant, ils vont; mouvant, ils meuvent; pouvant, ils peuvent.

2°. L'imparfait de l'indicatif en changeant *ant* en *ais*.

		EXCEPTIONS.
Chantant	je chantais.	
Bénissant	je bénissais.	Ayant, j'avais.
Devant	je devais.	Sachant, je savais.
Vendant	je vendais.	

3°. Le présent du subjonctif, en changeant *ant* en *e*.

Chantant	que je chante.	[1] *Evant* se change en *oive* pour la 3e. conjugaison.
Bénissant	que je bénisse.	
Devant	que je doive. [1]	Que j'aille, que tu ailles, qu'il aille, que nous allions,
Vendant	que je vende.	que v. alliez, qu'ils aillent.

Exceptions.

Allant, que j'aille; tenant, que je tienne; venant, que je vienne; acquérant, que j'acquière; mourant, que je meure.

Pouvant, que je puisse; valant, que je vaille, que tu vailles, qu'il vaille, que nous valions, que vous valiez, qu'ils vaillent; mais prévaloir est régulier : que je prévale, que tu prévales; mouvant, que je meuve; buvant, que je boive; voulant, que je veuille [que tu veuilles, qu'il veuille, que nous voulions, que vous vouliez, qu'ils veuillent.]

Etant, que je sois; buvant, que je boive; faisant, que je fasse; prenant, que je prenne.

Du Participe Passé,

On forme tous les temps composés avec le secours du verbe *être* ou du verbe *avoir* : *j'ai chanté, j'avais béni, j'aurais dû, que j'aie vendu, je suis tombé*, etc.

Du présent de l'Indicatif,

On forme l'impératif en ôtant les pronoms *je, tu, il*, etc.

		EXCEPTIONS.		
Je chante	chante.			
Je bénis	bénis.	Je suis,	impératif,	sois.
Je dois	dois.	J'ai,	id.	aie.
Je vends	vends.	Je vais,	id.	va.

Du Passé Défini,

On forme l'imparfait du subjonctif en changeant *ai* en *asse* pour la première conjugaison, et en ajoutant seulement *se* pour les trois autres.

Je chantai	que je chantasse.
Je bénis	que je bénisse.
Je dus	que je dusse.
Je vendis.	que je vendisse.

N. B. Quand un temps primitif manque, tous les temps composés qui en sont formés, manquent aussi ; il y a exception pour *falloir* qui, n'ayant point de participe présent, fait cependant à l'imparfait de l'indicatif fallait, et au présent du subjonctif : qu'il faille. Il arrive aussi, mais rarement, qu'un verbe n'a pas toutes ses personnes ou même aucune dans ses temps dérivés, quoiqu'il ait un primitif dont il se forme, tels sont : bruire, qui n'a à l'imparfait de l'indicatif que les deux troisièmes personnes, vouloir qui n'a à l'impératif que la seconde personne plurielle, *veuillez*, encore l'académie ne l'admet-elle que comme un terme de civilité, pour signifier : ayez la bonté, la complaisance ; *veuillez permettre que je me retire.*

Modèle d'exercice

SUR LA FORMATION DES TEMPS.

INDICATIF PRÉSENT. Temps primitif au singulier : *j'aime, je tombe, je me sers.* Temps dérivé au pluriel ; on le forme du participe présent en changeant *ant* en *ons, ez, ent, nous aimons, nous tombons, nous nous servons.* Il y a des exceptions. De l'indicatif on forme l'impératif en ôtant *je* à la première personne singulière de l'indicatif pour avoir la deuxième personne de l'impératif, et en ôtant *nous* et *vous* à la première et à la seconde personne plurielle de l'indicatif pour former les mêmes personnes de l'impératif. — Il y a beaucoup d'exceptions. — L'impératif n'a pas de troisième personne.

IMPARFAIT. Temps dérivé. On le forme du participe présent en changeant *ant* en *ais*, etc. *J'aimais, je tombais, je me servais.* — Il y a beaucoup d'exceptions.

PASSÉ DÉFINI. Temps primitif. De ce temps on forme l'imparfait du subjonctif en changeant *ai* en *asse* pour la première conjugaison, et en ajoutant *se* pour les trois autres. *J'aimai, je tombai, je me servis.* — Il n'y a pas d'exception.

PASSÉ INDÉFINI. Temps composé. On le forme du participe passé et du présent de l'indicatif de l'auxiliaire *avoir* ou *être: j'ai aimé, je suis tombé, je me suis servi.* (1)

PASSÉ ANTÉRIEUR. Temps composé. On le forme du participe passé et du passé défini de l'auxiliaire *avoir* ou *être : j'eus aimé, je fus tombé, je me fus servi.*

PLUS-QUE-PARFAIT. Temps composé. On le forme du participe passé et de l'imparfait de l'indicatif de l'auxiliaire *avoir* ou *être : j'avais aimé, j'étais tombé, je m'étais servi.*

FUTUR. Temps dérivé. On le forme de l'infinitif en changeant *roir* ou *re* en *rai : j'aimerai, je tomberai, je me servirai.* — Il y a des exceptions.

FUTUR ANTÉRIEUR. Temps composé. On le forme du participe passé et du futur de l'auxiliaire *avoir* ou *être : j'aurai aimé, je serai tombé, je me serai servi.*

CONDITIONNEL PRÉSENT. Temps dérivé. On le forme du futur en changeant *rai* en *rais : j'aimerais, je tomberais, je me servirais.* — Il n'y a pas d'exception.

1ᵉʳ CONDITIONNEL PASSÉ. Temps composé. On le forme du participe passé et du conditionnel présent de l'auxiliaire *avoir* ou *être : j'aurais aimé, je serais tombé, je me serais servi.*

---

(1) Les temps composés se forment du participe passé sans exception.

2e. **Conditionnel passé.** Temps composé. On le forme du plus-que-parfait du subjonctif en ôtant les que : *j'eusse aimé, je fusse tombé, je me fusse servi.*

Impératif. Temps dérivé. Ce temps n'a que la seconde personne du singulier qui se forme de la première personne du singulier de l'indicatif, et les deux premières personnes du pluriel qui se forment des mêmes personnes du présent de l'indicatif : *aime, tombe, sers-toi.*

Subjonctif présent. Temps dérivé. On le forme du participe présent en changeant *ant* en *e* muet : *que j'aime, que tu tombes, que je me serve.* — Il y a des exceptions.

Imparfait. Temps dérivé. On le forme du passé défini en changeant *ai* en *asse* pour la première conjugaison, et en ajoutant *se* pour les trois autres : *que j'aimasse, que je tombasse, que je me servisse.* — Il n'y a pas d'exception.

Passé. Temps composé. On le forme du participe passé et du subjonctif présent de l'auxiliaire *être* ou *avoir* : *que j'aie aimé, que tu sois tombé, que je me sois servi.*

Plus-que-parfait. Temps composé. On le forme du participe passé et de l'imparfait du subjonctif de l'auxiliaire *avoir* ou *être* : *que j'eusse aimé, que je fusse tombé, que je me fusse servi.*

Infinitif. Temps primitif. On en forme le futur en changeant *roir* ou *re* en *rai* : *aimer, tomber, se servir.*

Passé. Temps composé. On le forme du participe passé et de l'infinitif de l'auxiliaire *avoir* ou *être* : *avoir aimé, être tombé, s'être servi.*

Participe présent. Temps primitif. On en forme les trois personnes plurielles de l'indicatif, l'imparfait de l'indicatif et le subjonctif : *aimant, tombant, se servant.*

PARTICIPE PASSÉ. Temps primitif. On en forme tous les temps composés, à l'aide de l'auxiliaire *avoir* ou *être* sans exception : *aimé*, *tombé*, *servi*.

On appelle verbes irréguliers ceux dont les temps dérivés ne se forment pas régulièrement des temps primitifs.

On appelle verbes défectueux ceux auxquels il manque certains temps ou certaines personnes que l'usage n'admet pas.

Tableau des Temps primitifs

DES VERBES IRRÉGULIERS.

PREMIÈRE CONJUGAISON.

INFINITIF PRÉSENT.	PARTICIPE PRÉSENT.	PARTICIPE PASSÉ.	PRÉSENT DE L'INDIC.	PASSÉ DÉFINI.
Aller.	Allant.	Allé ou Été.	Je vais.	J'allai.
Appeler.	Appelant.	Appelé.	J'appelle.	J'appelai.
Envoyer.	Envoyant.	Envoyé.	J'envoie.	J'envoyai.
Jeter.	Jetant.	Jeté.	Je jette.	Je jetai.

SECONDE CONJUGAISON.

INFINITIF PRÉSENT.	PARTICIPE PRÉSENT.	PARTICIPE PASSÉ.	PRÉSENT DE L'INDIC.	PASSÉ DÉFINI.
Acquérir.	Acquérant.	Acquis.	J'acquiers.	J'acquis.
Bouillir.	Bouillant.	Bouilli.	Je bous.	Je bouillis.
Courir.	Courant.	Couru.	Je cours.	Je courus.
Cueillir.	Cueillant.	Cueilli.	Je cueille.	Je cueillis.
Mourir.	Mourant.	Mort.	Je meurs.	Je mourus.
Tenir.	Tenant.	Tenu.	Je tiens.	Je tins.
Vêtir.	Vêtant.	Vêtu.	Je vêts.	Je vêtis.

TROISIÈME CONJUGAISON.

INFINITIF PRÉSENT.	PARTICIPE PRÉSENT.	PARTICIPE PASSÉ.	PRÉSENT DE L'INDIC.	PASSÉ DÉFINI.
Déchoir.	. . . . . .	Déchu.	Je déchois.	Je déchus.
Mouvoir.	Mouvant.	Mu.	Je meus.	Je mus.
S'asseoir.	S'asseyant.	Assis.	Je m'assieds.	Je m'assis.
Savoir.	Sachant.	Su.	Je sais.	Je sus. (1)
Valoir.	Valant.	Valu.	Je vaux.	Je valus.
Voir.	Voyant.	Vu.	Je vois.	Je vis.
Vouloir.	Voulant.	Voulu.	Je veux.	Je voulus.

QUATRIÈME CONJUGAISON.

INFINITIF PRÉSENT.	PARTICIPE PRÉSENT.	PARTICIPE PASSÉ.	PRÉSENT DE L'INDIC.	PASSÉ DÉFINI.
Absoudre.	Absolvant.	Absous.	J'absous.	. . . . . .
Battre.	Battant.	Battu.	Je bats.	Je battis.

---

(1) Ce verbe fait à l'impératif : sache, sachons, sachez.

INFINITIF PRÉSENT.	PARTICIPE PRÉSENT.	PARTICIPE PASSÉ.	PRÉSENT DE L'INDIC.	PASSÉ DÉFINI.
Clore.	. . . . .	Clos.	Je clos.	. . . . .
Coudre.	Cousant.	Cousu.	Je couds.	Je cousis.
Mettre.	Mettant.	Mis.	Je mets.	Je mis.
Moudre.	Moulant.	Moulu.	Je mouds.	Je moulus.
Naître.	Naissant.	Né.	Je nais.	Je naquis.
Prendre.	Prenant.	Pris.	Je prends.	Je pris.
Rire.	Riant.	Ri.	Je ris.	Je ris.
Rompre.	Rompant.	Rompu.	Je romps.	Je rompis.
Suivre.	Suivant.	Suivi.	Je suis.	Je suivis.
Traire.	Trayant.	Trait.	Je trais.	
Vaincre.	Vainquant.	Vaincu.	Je vaincs.	Je vainquis.
Vivre.	Vivant.	Vécu.	Je vis.	Je vécus.

VERBES PASSIFS.

Les Verbes Passifs sont ceux dont le sujet souffre ou reçoit l'action marquée par le verbe : *Je suis aimé, ma maison est brûlée.* On les reconnaît en ce qu'ils sont toujours formés du participe passé d'un verbe actif et de l'auxiliaire *Être.*

VERBE PASSIF *ÊTRE AIMÉ.*

INDICATIF.

PRÉSENT.

Je suis aimé.
Tu es aimé.
Il est aimé.
Nous sommes aimés.
Vous êtes aimés.
Ils sont aimés.

IMPARFAIT.

J'étais aimé.
Tu étais aimé.
Il était aimé.
Nous étions aimés.
Vous étiez aimés.
Ils étaient aimés.

PASSÉ DÉFINI.

Je fus aimé.
Tu fus aimé.
Il fut aimé.
Nous fûmes aimés.
Vous fûtes aimés.
Ils furent aimés.

PASSÉ INDÉFINI.

J'ai été aimé.
Tu as été aimé.
Il a été aimé.
Nous avons été aimés
Vous avez été aimés.
Ils ont été aimés.

PASSÉ ANTÉRIEUR.

J'eus été aimé.
Tu eus été aimé.
Il eut été aimé.
Nous eussions été aimés.
Vous eussiez été aimés.
Ils eussent été aimés.

PLUS-QUE-PARFAIT.

J'avais été aimé.
Tu avais été aimé.
Il avait été aimé.
Nous avions été aimés.
Vous aviez été aimés.
Ils avaient été aimés.

FUTUR.

Je serai aimé.
Tu seras aimé.
Il sera aimé.
Nous serons aimés.
Vous serez aimés.
Ils serout aimés.

FUTUR ANTÉRIEUR.

J'aurai été aimé.
Tu auras été aimé.
Il aura été aimé.
Nous aurons été aimés.
Vous aurez été aimés.
Ils auront été aimés.

CONDITIONNEL.

PRÉSENT.

Je serais aimé.
Tu serais aimé.
Il serait aimé.
Nous serions aimés.
Vous seriez aimés.
Ils seraient aimés.

1er CONDITIONNEL PASSÉ.

J'aurais été aimé.
Tu aurais été aimé.
Il aurait été aimé.
Nous aurions été aimés.
Vous auriez été aimés.
Ils auraient été aimés.

2e. CONDITIONNEL PASSÉ.

J'eussé été aimé.
Tu eusses été aimé.
Il eût été aimé.
Nous eussions été aimés.
Vous eussiez été aimés.
Ils eussent été aimés.

IMPÉRATIF.

Sois aimé.

Soyons aimés.

Soyez aimés.

SUBJONCTIF.

PRÉSENT *ou* FUTUR.

Que je sois aimé.
Que tu sois aimé.
Qu'il soit aimé.
Que nous soyons aimés.
Que vous soyez aimés.
Qu'ils soient aimés.

IMPARFAIT.

Que je fusse aimé.
Que tu fusses aimé.
Qu'il fût aimé.
Que nous fussions aimés.
Que vous fussiez aimés.
Qu'ils fussent aimés.

PASSÉ.

Que j'aie été aimé.
Que tu aies été aimé.
Qu'il ait été aimé.
Que nous ayons été aimés.
Que vous ayez été aimés.
Qu'ils aient été aimés.

PLUS-QUE-PARFAIT.	PASSÉ.
Que j'eusse été aimé.	Avoir été aimé.
Que tu eusses été aimé.	
Qu'il eût été aimé.	**PARTICIPE.**
Que n. eussions été aimés.	
Que vous eussiez été aimés.	PRÉSENT.
Qu'ils eussent été aimés.	
	Étant aimé.
INFINITIF.	
	PASSÉ.
PRÉSENT.	
Être aimé.	Avoir été aimé.

VERBES NEUTRES.

Les verbes neutres sont ceux qui expriment une action qui ne peut tomber immédiatement sur un objet.

On connaît qu'un verbe est neutre en ce qu'après on ne peut pas mettre quelqu'un ou quelque chose; (ou bien en ce qu'il n'a pas de passif). — *Languir, dormir*, sont neutres, parce qu'on ne peut pas dire *languir quelqu'un, dormir quelque chose*, ni *être langui, être dormi*. (1)

La plupart des verbes neutres se conjuguent comme les verbes actifs avec l'auxiliaire avoir, *j'ai dormi, j'ai langui*. — Il y a des verbes neutres qui se conjuguent toujours avec l'auxiliaire *être*, comme *venir, arriver, tomber*, d'autres qui se conjuguent tantôt avec *être*, tantôt avec *avoir*; avec *avoir* quand ils marquent une action, et avec *être* quand ils marquent un état.

Exemples.

Avec *Avoir*.	Avec *Être*.
Ils ont demeuré un an en France.	Ils sont demeurés sans pain.
L'eau a beaucoup monté.	L'eau est montée bien haut. (Elle est encore haute).
J'ai resté long-temps à la campagne.	Je suis resté dans ce village. (J'y suis encore).

(1) Cependant obéir est neutre et a un passif: je veux être obéi, vous serez obéi.

Il n'y a que arriver, décéder, mourir, venir, devenir, revenir, parvenir, échoir, éclore, naître et tomber (1), qui prennent toujours être; il en est de même de aller, mais le participe de ce verbe ne s'emploie que lorsqu'il n'y a pas encore retour ; mon père est allé à Paris, il en reviendra dimanche : *été* remplace *allé* quand il y a retour ; il a été à Paris cette année, il y retournera la semaine prochaine.

CONJUGAISON DU VERBE NEUTRE *TOMBER*.

INDICATIF.

PRÉSENT.

Je tombe.
Tu tombes.
Il tombe.
Nous tombons.
Vous tombez.
Ils tombent.

IMPARFAIT.

Je tombais.
Tu tombais.
Il tombait.
Nous tombions.
Vous tombiez.
Ils tombaient.

PASSÉ DÉFINI.

Je tombai.
Tu tombas.
Il tomba.
Nous tombâmes.
Vous tombâtes.
Ils tombèrent.

PASSÉ INDÉFINI.

Je suis tombé.
Tu es tombé.
Il est tombé.
Nous sommes tombés.
Vous êtes tombés.
Ils sont tombés.

PASSÉ ANTÉRIEUR.

Je fus tombé.
Tu fus tombé.
Il fut tombé.
Nous fûmes tombés.
Vous fûtes tombés.
Ils furent tombés.

PLUS-QUE-PARFAIT.

J'étais tombé.
Tu étais tombé.
Il était tombé.
Nous étions tombés.
Vous étiez tombés.
Ils étaient tombés.

FUTUR.

Je tomberai.
Tu tomberas.
Il tombera.
Nous tomberons.
Vous tomberez.
Ils tomberont.

FUTUR ANTÉRIEUR.

Je serai tombé.
Tu seras tombé.
Il sera tombé.
Nous serons tombés.
Vous serez tombés.
Ils seront tombés.

(1) Quelques grammairiens veulent aussi que ce dernier prenne quelquefois avoir.

CONDITIONNEL.

PRÉSENT.

Je tomberais.
Tu tomberais.
Il tomberait.
Nous tomberions.
Vous tomberiez.
Ils tomberaient.

1er CONDITIONNEL PASSÉ.

Je serais tombé.
Tu serais tombé.
Il serait tombé.
Nous serions tombés.
Vous seriez tombés.
Ils seraient tombés.

2e. CONDITIONNEL PASSÉ.

Je fusse tombé.
Tu fusses tombé.
Il fût tombé.
Nous fussions tombés.
Vous fussiez tombés,
Ils fussent tombés.

IMPÉRATIF.

Tombe.

Tombons.

Tombez.

SUBJONCTIF.

PRÉSENT OU FUTUR.

Que je tombe.
Que tu tombes.
Qu'il tombe.
Que nous tombions.
Que vous tombiez.
Qu'ils tombent.

IMPARFAIT.

Que je tombasse.
Que tu tombasses.
Qu'il tombât.
Que nous tombassions.
Que vous tombassiez.
Qu'ils tombassent.

PASSÉ.

Que je sois tombé.
Que tu sois tombé.
Qu'il soit tombé.
Que nous soyons tombés.
Que vous soyez tombés.
Qu'ils soient tombés.

PLUS-QUE-PARFAIT.

Que je fusse tombé.
Que tu fusses tombé.
Qu'il fût tombé.
Que nous fussions tombés.
Que vous fussiez tombés.
Qu'ils fussent tombés.

INFINITIF.

PRÉSENT.

Tomber.

PASSÉ.

Être tombé.

PARTICIPE.

PRÉSENT.

Tombant.

PASSÉ.

Tombé, tombée ; étant tombé.

VERBES REFLECHIS.

Les verbes réfléchis sont ceux qui marquent le rapport d'une personne à elle-même, comme : elle se trompe, elle se flatte.

On distingue trois sortes de verbes réfléchis : 1°. ceux qui marquent le rapport d'une personne à elle-même, qu'on peut appeler refléchis proprement dits; comme : *se frapper.* 2°. Ceux qui expriment l'action de plusieurs personnes qui agissent respectivement les unes sur les autres, comme : *ils se sont battus*, qu'on appelle pour cette raison verbes réciproques. 3°. Enfin ceux qui expriment une action qui ne peut être attribuée au sujet, comme : *cette maison se loue cher*, qu'on appelle pronominaux.

Les verbes réfléchis se conjuguent avec l'auxiliaire *être* dans leurs temps composés.

VERBE RÉFLÉCHI, *SE TROMPER.*

INDICATIF.

PRÉSENT.

Je me trompe.
Tu te trompes.
Il se trompe.
Nous nous trompons.
Vous vous trompez.
Ils se trompent.

IMPARFAIT.

Je me trompais.
Tu te trompais.
Il se trompait.
Nous nous trompions.
Vous vous trompiez.
Ils se trompaient.

PASSÉ DÉFINI.

Je me trompai.
Tu te trompas.
Il se trompa.
Nous nous trompâmes.
Vous vous trompâtes.
Ils se trompèrent.

PASSÉ INDÉFINI.

Je me suis trompé.
Tu t'es trompé.
Il s'est trompé.
Nous nous sommes trompés.
Vous vous êtes trompés.
Ils se sont trompés.

PASSÉ ANTÉRIEUR.

Je me fus trompé.
Tu te fus trompé.
Il se fut trompé.
Nous nous fûmes trompés.
Vous vous fûtes trompés.
Ils se furent trompés.

PLUS-QUE-PARFAIT.

Je m'étais trompé.
Tu t'étais trompé.
Il s'était trompé.
Nous nous étions trompés.
Vous vous étiez trompés.
Ils s'étaient trompés.

FUTUR.

Je me tromperai.
Tu te tromperas.
Il se trompera.
Nous nous tromperons.
Vous vous tromperez.
Ils se tromperont.

FUTUR ANTÉRIEUR.

Je me serai trompé.
Tu te seras trompé.
Il se sera trompé.
Nous nous serons trompés.
Vous vous serez trompés.
Ils se seront trompés.

CONDITIONNEL.

PRÉSENT.

Je me tromperais.
Tu te tromperais.
Il se tromperait.
Nous nous tromperions.
Vous vous tromperiez.
Ils se tromperaient.

1er CONDITIONNEL PASSÉ.

Je me serais trompé.
Tu te serais trompé.
Il se serait trompé.
Nous nous serions trompés.
Vous vous seriez trompés.
Ils se seraient trompés.

2e. CONDITIONNEL PASSÉ.

Je me fusse trompé.
Tu te fusses trompé.
Il se fut trompé.
Nous nous fussions trompés.
Vous vous fussiez trompés.
Ils se fussent trompés.

IMPÉRATIF.

Trompe-toi.
Trompons-nous.
Trompez-vous.

SUBJONCTIF.

PRÉSENT *ou* FUTUR.

Que je me trompe.
Que tu te trompes.
Qu'il se trompe.
Que nous nous trompions.
Que vous vous trompiez.
Qu'ils se trompent.

IMPARFAIT.

Que je me trompasse.
Que tu te trompasses.
Qu'il se trompât.
Que nous nous trompassions.
Que vous vous trompassiez.
Qu'ils se trompassent.

PASSÉ.

Que je me sois trompé.
Que tu te sois trompé.
Qu'il se soit trompé.
Que n. n. soyons trompés.
Que vous v. soyez trompés.
Qu'ils se soient trompés.

PLUS-QUE-PARFAIT.

Que je me fusse trompé.
Que tu te fusses trompé.
Qu'il se fût trompé.
Que n. n. fussions trompés.
Que v. v. fussiez trompés.
Qu'ils se fussent trompés.

INFINITIF.

PRÉSENT.

Se tromper.

PASSÉ.

S'être trompé.

PARTICIPE.

PRÉSENT.

Se trompant.

PASSÉ.

S'étant trompé *ou* trompée.

REMARQUE. Le pronom *en* dans le verbe *s'en aller*, se place toujours avant le verbe *être* : *je m'en suis allé*, *il s'en était allé*, *nous nous en sommes allés*, etc.

DES VERBES UNIPERSONNELS.

Les verbes unipersonnels sont ceux qui ne s'emploient qu'à la troisième personne du singulier dans tous leurs temps, comme : falloir, pleuvoir, etc.; ils ont tous *il* pour sujet : il faut, il pleuvra, etc.

La plupart des verbes s'emploient unipersonnellement, comme : *il est tombé de la grêle*, *il est arrivé un accident*, *il a fait froid*, *sera-t-il dit que...*, etc. : ils prennent ordinairement *avoir*, excepté ceux qui viennent d'un verbe qui ne se conjugue qu'avec être, comme : — *venir*, *arriver*, *tomber*.

On connaît qu'un verbe est unipersonnel en ce que le pronom *il* ne tient pas la place d'un nom.

VERBE UNIPERSONNEL *PLEUVOIR.*

INDICATIF.

PRÉSENT.

Il pleut.

IMPARFAIT.

Il pleuvait.

PASSÉ DÉFINI.

Il plut.

PASSÉ INDÉFINI.

Il a plu.

PASSÉ ANTÉRIEUR.

Il eut plu.

PLUS-QUE-PARFAIT.

Il avait plu.

FUTUR.

Il pleuvra.

FUTUR ANTÉRIEUR.

Il aura plu.

CONDITIONNEL.

PRÉSENT.

Il pleuvrait.

1er COND. PASSÉ.

Il aurait plu.

2e. COND. PASSÉ.

Il eût plu.

SUBJONCTIF.

PRÉSENT *ou* FUTUR.

Qu'il pleuve.

<table>
<tr><td>IMPARFAIT.</td><td>INFINITIF.</td></tr>
<tr><td>Qu'il plût.</td><td>PRÉSENT.</td></tr>
<tr><td>PASSÉ.</td><td>Pleuvoir.</td></tr>
<tr><td>Qu'il ait plu.</td><td>PARTICIPE.</td></tr>
<tr><td>PLUS-QUE-PARFAIT.</td><td>PASSÉ.</td></tr>
<tr><td>Qu'il eût plu.</td><td>Plu.</td></tr>
</table>

ACCORD DU VERBE AVEC LE SUJET.

74. Le verbe s'accorde en nombre et en personne avec son sujet : *l'enfant parle ; les oiseaux chantent; tu aimes, il aime, nous chantons ; ainsi doivent régner les bons princes.*

75. Quand un **verbe** a plusieurs sujets singuliers, on le met au pluriel : *Pierre et Paul chantent, ainsi me parlaient le roi et la reine.* (1)

76. *Remarque.* Avec l'un et l'autre, le verbe se met au singulier ou au pluriel : *l'une et l'autre est bonne,* ou *sont bonnes ; l'un et l'autre cheval est mort,* ou *sont morts.* (Académie).

77. Quand un verbe a plusieurs sujets de différentes personnes, il se met au pluriel et à la personne qui a la priorité : *toi et Louis irez à la fête ; Louis et moi irons à la chasse.* (2)

78. Un verbe qui a plusieurs sujets de la troisième personne, liés par *ou, mais,* s'accorde avec le dernier : *Louis* ou *Paul ira à Paris;* (3) *non-seulement ses richesses* mais *son crédit s'est évanoui.*

---

(1) Quand deux ou plusieurs sujets sont après le verbe, quelques grammairiens veulent que l'accord de ce verbe n'ait lieu qu'avec le sujet le plus proche, comme dans ces vers de Racine : Reine, dit-il, sors de ce lieu d'où te bannit ton sexe et ton impiété.

(2) La politesse française exige qu'on se nomme en dernier lieu.

(3) Il y a exception quand les deux sujets peuvent faire la chose : la peur ou la faim font tous les mouvemens de la souris ; la témérité ou le bonheur font les héros. (On pourrait mettre le singulier, mais le pluriel vaut mieux).

80. Si les sujets d'un verbe liés par *ou* étaient de différentes personnes, le verbe devrait se mettre au pluriel, et à celle qui a la priorité : *Louis ou moi irons à Paris.* Mais si la chose n'était évidemment possible qu'à l'un des sujets à la fois, ou si la construction semblait trop lourde, trop embarrassée, on ferait précéder les sujets de *l'un de nous*, ou *l'un de vous*, et alors le verbe s'accorderait avec ce seul sujet : *L'un de nous, toi, Louis ou moi sera le parrain de cet enfant ; L'un de vous, toi, ou Paul ira à Paris :* Et avec le pronom absolu *qui*, on dira : *qui de vous ou de moi remportera le prix ? Qui de mes frères ou de mon cousin aura la préférence ?* Si le rapport alternatif du *qui* tombait sur des noms pluriels pris collectivement, le verbe se mettrait au pluriel : *Qui des peuples ou des rois remporteront la victoire ?*

80 *bis*. Un verbe qui a plusieurs sujets singuliers liés par *ni* se met au singulier, si les sujets ne peuvent faire l'action du verbe en même temps : *Ni le comte, ni le duc ne sera ambassadeur à Naples.* Mais le verbe se met au pluriel s'il s'agit de temps différens. *Ni le comte, ni le duc ne seront jamais ambassadeurs à Naples.*

81. Lorsque plusieurs substantifs singuliers sont employés en sujets, on met le verbe au singulier, si l'on veut n'attribuer l'action ou l'état qu'il exprime qu'à un seul substantif : *Son courage, son intrépidité était extrême. Un mot, un soupir, un coup-d'œil nous trahit. D'où lui vient cet ennui, ce dégoût ? L'orateur, le poëte, le grand écrivain, s'il attend et sollicite l'inspiration, fuit loin des villes. Le brûlant fils du soleil, le radieux été, règne à son tour.*

82. Il est certains cas où le verbe se met au pluriel, bien que son sujet apparent soit du singulier : *Tout ce qu'il dit, sont autant d'impostures.* (Racine).

Il en est d'autres où le verbe se met au singulier quoiqu'il ait un sujet apparent pluriel : *Cent francs est une forte somme pour un si petit objet. Le chasseur, le chien et le lièvre couraient ; chasseur, chien et lièvre* est le sujet du verbe *couraient.*

83. Un verbe qui a deux sujets liés par *comme, de même que, ainsi que*, etc., s'accorde avec le premier sujet : *Le lion comme l'éléphant aime la société de ses semblables. La science aussi bien que la vertu, est estimée de tout le monde.* (1)

---

(1) Les bons auteurs ont souvent violé cette règle.

84. Plus d'un veut le verbe au singulier : *plus d'une Pénélope honora son pays ;* plus d'un, répété ou suivi d'un verbe réciproque, exige le verbe au pluriel : *plus d'un soldat, plus d'un officier sont morts au champ d'honneur ; à Paris plus d'un fripon se dupent.*

85. Un verbe qui a pour sujet un collectif suivi d'un substantif, s'accorde avec le collectif si celui-ci est précédé de *le, la, ce*, etc. *La moitié des humains vit aux dépens de l'autre ;* mais on le fait accorder avec le substantif qui suit le collectif quand ce collectif est précédé de *un, une*, etc. ; *Une foule de gens se laissaient mourir de faim.*

86. *La plupart*, employé d'une manière absolue, ou suivi d'un substantif pluriel, veut le verbe au pluriel : *La plupart veulent ; la plupart des hommes pensent :* mais, la plupart, suivi d'un substantif singulier, veut le verbe au singulier : *La plupart du peuple voulait.*

87. Un verbe qui a plusieurs infinitifs pour sujets, se met au singulier, s'il est suivi d'un substantif singulier : *Boire, manger, dormir, était son unique occupation ;* et au pluriel s'il est suivi d'un substantif pluriel : *Boire, manger, dormir, sont les seules choses de son goût.* (1)

88. Le verbe être, précédé de *ce*, se met au pluriel s'il est suivi immédiatement d'un substantif pluriel ou d'un pronom pluriel de la troisième personne : *Ce sont tes parens, c'étaient eux, ce seraient eux ;* mais dans les autres cas, il reste au singulier : *C'est moi, c'est nous, c'est Pierre et Paul.* (2)

89. Si le verbe être était employé au pluriel dans une question, il faudrait le répéter au pluriel, quoique devant des substantifs singuliers : *Quelles sont les parties du monde les plus peuplées ? Ce sont l'Europe et l'Asie.* Dans un autre sens, on dira : *C'est l'Europe et l'Asie qui sont,* etc.

---

(1) Ainsi le veulent la plupart des grammairiens, mais les bons auteurs ont souvent violé cette règle et ont employé le pluriel même avec des infinitifs séparés par ou ; exemple, bien dire et bien penser ne sont rien sans bien faire ; Etre juste, ou être vertueux sont la même chose pour lui.

(2) Racine a dit: est-ce Dieu ? sont-ce les hommes dont les œuvres vont éclater? les bons auteurs ont aussi employé, seront-ce ? mais ce ne sont point des modèles à imiter dans ce cas.

90. **Remarque.** Dans les phrases suivantes : *C'est des historiens que nous tenons ces faits ; c'est des Chinois que nous vient cet usage.* Le verbe reste au singulier parce que *des* marque extraction, origine.

91. *Sont-ce vos amis? étaient-ce eux? seraient-ce eux?* Voilà les seuls temps et les seuls cas où le verbe être conjugué interrogativement, et accompagné de *ce*, se met au pluriel. On écrit : *fut-ce vos seuls motifs? sera-ce vos raisons? ça été vos amis?* (*sont-ce eux*, serait une faute selon l'académie).

DU PARTICIPE.

Le participe est un mot qui tient du verbe et de l'adjectif ; du verbe en ce qu'il exprime une action , *aimant Dieu, chéri des hommes ,* et de l'adjectif, en ce qu'il qualifie une personne ou une chose : *femme prévenante , vieillesse honorée.*

Il y a deux sortes de participes ; le participe présent qui est toujours terminé en *ant ,* et le participe passé qui a plusieurs terminaisons, comme *aimé, uni, ouvert, rendu,* etc.

92. Quand un participe présent est joint à un nom pour le qualifier, on l'appelle alors adjectif verbal , et on le fait accorder avec le nom ; on écrit : *une femme obligeante , une statue parlante , une horloge sonnante.*

93. Le participe présent employé comme tel, ne varie jamais : *Des femmes soignant leurs enfans ; des enfans travaillant sans relâche.*

Accord des Participes.

94. Le participe passé employé sans auxiliaire, s'accorde avec le substantif auquel il se rapporte : *un homme honoré ; une vertu éprouvée.* (1)

(1) Le participe passé ainsi emyloyé, s'appelle adjectif verbal.

95. Le participe passé accompagné de l'auxiliaire *être*, s'accorde avec le sujet du verbe : *Cette femme est tombée ; ces messieurs étaient arrivés.*

96. Le participe passé accompagné de l'auxiliaire *avoir* s'accorde avec son régime direct quand il en est précédé, et reste invariable quand il en est suivi, ou bien quand il n'en a pas. On écrira :

Avec l'accord :	Sans l'accord :
Les livres que j'ai achetés.	J'ai acheté des livres.
Combien d'ennemis j'ai vus.	Nous avons reçu une
Autant d'ennemis j'ai vaincus.	lettre.

97. Le participe des verbes pronominaux suit la règle du participe accompagné de l'auxiliaire *avoir*, parce que dans les verbes pronominaux le verbe *être* est mis pour l'auxiliaire avoir : *celle femme s'est flattée* (a flatté soi , elle) ; *Ils se sont blessés* (ont blessé soi , eux). *Elles se sont dit des injures* (ont dit des injures à soi , à elles). *Les livres qu'elle s'est achetés* (a acheté des livres à soi , à elles.) (*)

98. Les participes des verbes essentiellement pronominaux , s'accordent toujours avec le second pronom, lequel est toujours régime direct. *Nous nous sommes repentis , elle s'est emparée de mon livre.* Il faut en excepter le seul verbe *s'arroger*, qui est soumis à la règle précédente : *elle s'est arrogé des droits* (elle a arrogé à elle des droits.)

99. Le participe passé suivi d'un adjectif ou d'un modificatif quelconque , s'accorde aussi avec son régime direct, quand il en est précédé : *elle s'est faite religieuse , je les ai crus morts.*

100. Le participe passé entre deux *que*, est invariable , (parce que ce participe a toujours pour régime le membre de phrase qui le suit) : *les leçons que j'ai voulu que vous apprissiez ; les embarras que j'ai su que vous aviez.* — Il n'y a d'exceptions que dans les phrases suivantes et leurs analogues : *les visites qu'il nous a prévenus qu'il rendrait ;*

(*) On dit par euphonie , sans faire varier le participe : elle s'est fait fort de lui obtenir cette place ; et en faisant accorder le participe : elle s'est portée fort pour sa fille mineure.

*les enfans que j'ai persuadés que vous ne viendriez pas ;
les personnes que j'ai convaincues que vous partiez.*

101. Le participe passé ayant pour régime le pronom *l'*
signifiant *ceci, cela,* reste invariable : *cette aventure
nous est arrivée comme je l'avais prévu , de même que je
l'avais espéré, ainsi que je l'avais prédit... prévu, espéré ,
prédit ceci, cela.*

102. Il est certaines phrases où les vues seules de l'esprit
déterminent l'accord ou le non accord du participe ayant
pour régime le pronom *l' : la paix se fit comme nous l'avions
annoncé, prédit ; la paix se fit comme nous l'avions an-
noncée, prédite.* Dans la première construction, *l'* signifie *ceci, cela ;* dans la seconde , *l'* représente le substantif *paix.*

103. De la manière que , de la façon que , sont des locutions adverbiales qui ne peuvent jamais faire varier un
participe. *De la manière ou de la façon que j'ai agi ,
l'affaire devrait réussir ;* de la manière ou de la façon que
j'ai dit les choses , on a dû me comprendre.

104. Le participe passé suivi d'un verbe à l'infinitif,
s'accorde avec le régime qui précède les deux verbes , lorsque ce régime fait l'action qu'exprime l'infinitif, et reste
invariable dans le sens contraire. *Les hommes que nous
avons vus travailler. Les ouvriers qu'on a laissés bêcher
la terre. Les habits que j'ai vu faire. Les oiseaux qu'on
a laissé tuer. La domestique qu'on a envoyée chercher
des liqueurs. La domestique que j'ai envoyé chercher au
marché.*

105. Si le participe passé suivi d'un infinitif était précédé
de deux régimes , l'un appartiendrait au participe et l'autre
à l'infinitif, ainsi le participe serait variable. *Les rapports
qu'ils nous ont entendus faire. Les ouvrages qu'ils nous
ont laissés exécuter. Les livres qu'ils nous ont vus lire.*

106. Quand un infinitif est sous-entendu après un participe , celui-ci suit la même règle que si l'infinitif était exprimé : *on a eu pour elle tous les égards qu'on a dû* (sous-
entendu *avoir*). *Nous avons fait tous les sacrifices que
nous avons pu* (sous-entendu *faire*). Dans ces sortes de
phrases , l'infinitif est le régime du participe.

107. *Il veut les choses qu'il a une fois voulues ou voulu ,
il a obtenu toutes les grâces qu'il a désirées ou désiré.* Ces
participes s'accordent ou ne s'accordent pas , parce qu'on
peut, ou non , sous-entendre un infinitif après le participe,

108. Le participe passé *fait*, suivi d'un verbe à l'infinitif, est invariable, parce qu'il a toujours pour régime l'infinitif qui le suit : *les travaux que j'ai fait faire ; les lettres que j'ai fait lire.*

109. Le participe passé suivi d'un verbe à l'infinitif précédé d'une préposition, s'accorde avec le régime qui le précède, si ce régime lui appartient, et reste invariable si ce même régime appartient à l'infinitif : *il nous a obligés d'écrire, il nous a contraints de marcher ; ma main qu'il a refusé d'accepter ; la course qu'il a proposé de faire ; la femme qu'on a forcée d'élever son enfant.*

110. Les participes *eu* et *donné* font exception à la règle ci-dessus, parce qu'on dit également : *j'ai eu des ennemis à combattre*, et, *j'ai eu à combattre des ennemis. On m'a donné à lire des livres*, et, *on m'a donné des livres à lire.* On écrira : *les ennemis que j'ai eus* ou *eu à combattre. Les livres qu'on m'a donnés* ou *donné à lire.* Il est à remarquer, cependant, que la plupart des grammairiens préfèrent, dans ces phrases, l'accord du participe.

111. Le participe passé d'un verbe neutre ne s'accorde avec le régime qui le précède, que quand il peut se tourner par un passif :

Les années que j'ai pleuré.	Les amis que j'ai pleurés.
Les nuits que j'ai soupiré.	Les vers qu'Ovide a soupirés.
Les trois heures que nous avons parlé.	Les langues qu'il a parlées.
Les 2 heures que j'ai couru.	Les emplois qu'il a courus.
Mon embonpoint étant diminué, je ne pèse plus les cent livres que j'ai pesé.	Les paquets que tu as pesés.

Les participes de la seconde colonne s'accordent parce qu'on peut les tourner par le passif : *les amis ont été pleurés, les vers ont été soupirés*, etc.

112. *Coûté* et *valu* sont soumis à une règle particulière ; *coûté*, quand il signifie *causé*, et *valu*, lorsqu'il a le sens de *procuré*, *rapporté*, s'accordent avec les régimes qui les précèdent ; hors ce cas, ils sont invariables ; ainsi on écrira avec accord : *les peines que cette affaire m'a coûtées ; les honneurs que ma place m'a valus* ; et sans accord : *les cent louis que cette maison a coûté, les sommes qu'elle a valu.*

113. Les participes *plu*, *complu*, *déplu*, *succédé*, *ressemblé*, sont toujours invariables.

114. Le participe précédé de *le peu*, reste invariable quand ce mot indique l'insuffisance de la chose énoncée (et alors on ne peut le supprimer sans que le sens de la phrase en soit altéré); dans le cas contraire, le participe s'accorde avec le nom qui suit le peu.

On écrira donc sans l'accord : et avec l'accord :

Le peu de gens que j'ai vu m'a étonné.	Le peu de gens que j'ai rencontrés m'ont salué.
Le peu d'honnêteté qu'il a montré l'a fait congédier.	Le peu d'honnêteté qu'il a montrée lui a valu ma protection.
Dans ces exemples, il y a insuffisance, et *le peu* ne peut se supprimer.	Dans celles-ci il n'y a pas insuffisance, et *le peu* peut se supprimer.

115. Quand un participe passé est précédé de deux régimes unis par *comme*, *de même que*, *ainsi que*, *plutôt que*, *aussi bien que*, *plus que*, *moins que*, *autant que*, *non plus que*, etc., l'accord a lieu avec celui sur lequel tombe l'affirmation : *c'est sa fille, plutôt que son fils, qu'il a blâmée. C'est plus son sang-froid que son intrépidité qu'on a admiré. C'est non pas son fils, mais sa fille qu'il a déshéritée.* On trouve le mot sur lequel tombe l'affirmation, en faisant la question *qui a été ?* qui a été blâmé ? sa fille. Qui a été admiré ? son sang-froid. Qui a été déshérité? sa fille. Qu'est-ce qui a été sauvé? sa fortune.

116. Quand un participe passé est précédé de deux régimes unis par *ou*, *mais*, on le fait accorder avec le dernier : *c'est un château, ou une ferme, qu'on a vendue. C'est un homme, ou une femme, qu'on a assassinée.*

117. Le participe passé qui a pour régime un collectif suivi d'un substantif, s'accorde avec le collectif ou avec le substantif, selon les vues de l'esprit : *une nuée de barbares que le besoin avait chassés de leur pays. Une foule d'écrivains se sont égarés. La majorité des anciens s'est rendue à cette discussion. Parmi le grand nombre de traductions que j'ai examinées ou examiné.*

118. Le participe passé qui n'a pour régime que le mot *en*, est invariable. *Autant j'en ai vu, autant j'en ai tué. Vous avez lu de ces livres, mais j'en ai lu plus que vous.* Quoique précédé du mot *en*, le participe varie s'il a un autre régime : *les services que j'en ai reçus. Elle a outragé la religion, Dieu l'en a punie.*

109. Le dernier participe, dans les temps sur-composés, s'accorde seul avec le régime du verbe : *cette lettre quand je l'ai eu écrite. Ces livres quand je les ai eu rapportés.*

120. Les participes passés des verbes impersonnels sont toujours invariables : *les chaleurs qu'il a fait. Les beaux jours qu'il y a eu. Il s'est présenté une belle occasion. Il est arrivé une fâcheuse rencontre.*

121. Lorsque le participe est précédé de deux régimes séparés par une préposition, on fait sur le participe la question qui est ? ou qui a été ? la réponse à cette question indique celui des deux auquel on doit attribuer le participe et avec lequel celui-ci doit s'accorder : *les trois heures du jour que nous avons passées à la campagne ;* qui a été passé ? les trois heures. *Un des plus fameux médecins de Paris que j'ai consulté, m'a ordonné la saignée ;* qui a été consulté ? un médecin. *C'est une des meilleures pièces qu'on ait faites ;* qui a été fait ? les pièces. *C'est une de vos filles que j'ai vue périr ;* qui a été vu ? une fille.

CHAPITRE SECOND.

DES MOTS INVARIABLES.

DE L'ADVERBE.

L'Adverbe est un mot invariable qui se joint aux verbes et aux adjectifs pour les modifier : *cet enfant est très-gai ; il parle légèrement.* Très et légèrement sont des adverbes.

Les adverbes marquent la manière, le temps, le lieu, l'ordre, la quantité, la comparaison, l'affirmation et la négation.

Les adverbes de manière sont : *bien, très, fort,* (devant un adjectif), *sagement, poliment, agréablement,* etc. (Ils sont presque tous formés d'adjectifs.)

Les adverbes de temps sont: *hier, autrefois, jadis, bientôt, souvent, toujours, jamais,* etc.

Les adverbes de lieu sont: *où, ici, dedans, ailleurs, partout,* etc.

Les adverbes d'ordre sont: *premièrement, d'abord, ensuite, auparavant,* etc.

Les adverbes de quantité sont: *beaucoup, assez, trop, tant,* etc.

Les adverbes de comparaison sont: *plus, moins, aussi, autant,* etc.

Les adverbes d'affirmation sont: *certes, oui, certainement,* etc.

Les adverbes de négation sont, *ne, pas, point.*

Première Remarque. **Certains** adverbes s'emploient comme noms; on dit, *le trop, le plus, le moins, le peu,* etc.

2ᵉ. *Remarque.* On appelle adverbes composés certains assemblages de mots qui font fonction d'adverbe, comme *peu-à-peu, tour-à-tour, sens-dessus-dessous, à l'amiable.*

3ᵉ. *Remarque.* Les adjectifs deviennent adverbes et restent invariables quand ils modifient des verbes : *ces enfans chantent haut, voient clair; ces fleurs sentent bon.*

4ᵉ. *Remarque.* Les adverbes, les prépositions, les conjonctions et les interjections étant des mots invariables, on écrira sans *s, les oui, les non, les si, les car, les parce que, des hola! des ha!*

DE LA PRÉPOSITION.

La préposition est un mot invariable qui sert à marquer les divers rapports que les mots ont entre eux : la bonté *de* Dieu, je dors *dans* un lit, je marche *sur* la terre. Le mot qui suit la préposition en est le régime ; par conséquent, Dieu est le régime de la préposition de, lit est le régime de la préposition dans, terre est le régime de la préposition sur.

Voici la liste des prépositions les plus usitées :

A, à cause, attendu que, ou vu que, avant, avec, d'avec, chez, contre, dans, de, delà, au-delà, par-delà, depuis, derrière, dès, devant, durant, en, en - deça, envers, à l'égard de, environ, excepté, hormis, hors, jusque, jusques, malgré, par, parmi, pendant, pour, proche, sans, sous, selon, sur, suivant, vers, vis-à-vis, voici, voilà.

On met encore au rang des prépositions, certaines locutions qui en renferment plusieurs, telles que : *en dépit de, quant à, à l'exception, en cas de*, etc. Ces locutions peuvent être appelées prépositions composées.

DE LA CONJONCTION.

La conjonction est un mot invariable qui sert à joindre ensemble plusieurs parties du discours : Pierre et Paul jouent; cette pomme est petite, mais bonne ; il pleure et il rit.

Voici les conjonctions les plus usitées : *et, que, ni, aussi, ou, si, sinon, or, donc, car, en effet, néanmoins, toutefois, cependant, pourtant, de peur que*, etc.

On appelle conjonction composée, un assemblage de mots qui fait l'office de conjonction : *ainsi que, de même que, par conséquent*, etc.

L'INTERJECTION.

L'interjection est un mot invariable dont on se sert pour exprimer les sentimens vifs et subits du l'âme, comme la joie, la douleur, la crainte, etc ; la joie, *ah! bon !* La douleur : *ah! aye! hélas!* La crainte : *ha! hé!* L'adversion : *fi, fi, donc !* Pour faire taire : *paix! chut!* Pour appeler : *holà! hé!* Pour admirer : *oh!* Pour encourager : *ça allons, courage !* Pour interroger : *hé bien ?*

Substantifs

DONT LE GENRE VARIE.

Aide (celui qui en seconde un autre), est masculin : aide-de-cuisine, aide-de-camp. *Aide* (assistance), est féminin : Pompée a besoin d'*aide*, il vient chercher la vôtre. (Corneille.)

Aigle est féminin, quand il signifie enseigne ; *aigle* (oiseau), est généralement masculin.

Amour (penchant), *délice* et *orgue*, sont masculins au singulier et féminins au pluriel ; cependant amour au figuré, est toujours masculin : *des petits amours*.

Automne autrefois des deux genres, est aujourd'hui généralement masculin.

Couple, marquant l'union de deux êtres destinés à se propager, est masculin : *ce couple est bien assorti*, *un couple de pigeons suffit pour peupler une volière* ; ailleurs il est du féminin.

Echo (lieu qui répète le son), est masculin ; *écho* (nymphe), est féminin.

Enfant pris en général est masculin ; mais désignant une petite fille, il est du féminin : *une belle enfant, la bonne enfant*.

Exemple (modèle d'écriture), est féminin ; dans toute autre acception, il est masculin.

Foudre (feu du ciel), accompagné d'un adjectif, est des deux genres : *foudre vengeur ou vengeresse* ; sans adjectif, il est toujours féminin : *la foudre est tombée*. Au figuré, il est toujours masculin : *un foudre de guerre*.

Garde (un seul individu), est masculin ; *garde* (réunion d'individus formant un corps), est féminin : *la garde impériale* ; *garde-malade* est toujours féminin : *des gardes-malade bien intelligentes*.

Guide (désignant un conducteur), est masculin ; il est féminin quand il désigne la rène d'un cheval : *la guide du côté gauche est rompue*.

Hymne (chant d'église), est féminin ; *hymne*, chant guerrier ou patriotique, est masculin.

Manche (d'outil ou d'instrument), est masculin ; *manche* de vêtement est féminin.

Manœuvre (synonime d'ouvrier), est masculin ; *manœuvre* (mouvement exécuté par des troupes), est féminin.

Mémoire (faculté physique), est féminin ; note d'un compte ou d'ouvrage, est masculin.

Mode (caprice, manière), est féminin : *payer tribut à la mode, vivre à la mode ;* il est masculin dans toute autre acception : *mode majeur, mode indicatif.*

Œuvre, en terme de peinture, de gravure, de sculpture ou de musique, est masculin, on dit encore au masculin : *c'est l'œuvre du génie*, et en alchimie : *travailler au grand œuvre. Œuvre* (synonime de travail, action), est féminin : *c'est faire de bonnes œuvres que de faire l'aumóne.*

Orge (grain), est toujours féminin, excepté dans orge mondé, orge perlé.

Páque (fète chrétienne), est masculin : *nous paierons à páque prochain ;* ce mot s'emploie souvent au pluriel féminin : *à páques fleuries, faire de bonnes páques. Páque* (fète des juifs), est féminin.

Parallèle (signifiant comparaison ou cercle), est masculin : *faire le parallèle de César et d'Alexandre, ces deux villes sont sous le même parallèle ;* mais *parallèle* signifiant ligne, est féminin.

Période (signifiant une révolution d'astre, une mesure de temps, une époque, le retour d'une chose), est féminin : *période lunaire, période julienne ;* mais période est masculin quand il signifie un espace de temps : *dans le dernier période de sa vie*, où le plus haut point où une chose puisse arriver : *il est au période de sa gloire.*

Personne (désignant un homme ou une femme), est féminin : *une personne est venue ; personne*, synonime de aucun, pas un, est masculin : *personne n'est venu.*

Livre (poids), est féminin, cependant on dit : *une livre tournois.*

Quelque chose est masculin quand il signifie une chose vague et indéterminée : *quelque chose de bon. Quelque chose* devant un verbe au subjonctif est féminin : *quelque chose qu'il m'ait dite , je l'ai soufferte ;* c'est-à-dire , *quelle que* soit la chose. — Autre chose est toujours du masculin.

Solde (différence entre deux comptes), est masculin ; dans toute autre acception il est féminin..

Somme n'est masculin que quand il signifie sommeil.

Trompette (instrument), est féminin , ailleurs il est masculin : *ce trompette sonne parfaitement.*

Vase (bourbe de rivière , d'étang), est féminin ; *vase* (vaisselle), est masculin.

Voile , pris pour voile attachée aux vergues , ou employée par métomime pour signifier vaisseau , est féminin; dans toute autre acception , il est masculin : *se couvrir d'un voile , prendre le voile.*

De l'Orthographe absolue.

L'Orthographe absolue est la manière d'écrire correctement les mots d'une langue. L'usage ayant presque réglé seul toutes les combinaisons orthographiques , c'est au moyen des dictionnaires et surtout par l'usage , qu'il faut acquérir cette science : nous ne pouvons donner ici que des préceptes généraux.

On met un e final aux noms féminins terminés par les sons :

1º. Ai , raie, claie, chênaie, etc. , excepté paix.

2º. E, année, cheminée , épée, etc. , excepté les noms en tié ou en té : amitié , société ; à moins qu'ils ne dérivent d'un participe comme : une portée , une dictée , ou qu'ils n'énoncent une idée de contenance : une potée , une hottée.

3º. I , hostie, bergerie, etc., excepté fourmi , houri , la merci , brebis , souris , perdrix.

4º. I termine les noms masculins qui viennent d'un verbe en ier ou en yer : pli , plier, déblai , déblayer, etc. excepté prix, crucifix.

5º. U , rue, vue, charrue, etc., excepté bru , glu , vertu , une tribu. (*)

(*) Ux termine flux et reflux au masculin.

6o. Eu, lieue, queue, etc., sans exceptions.

7°. Oi, joie, soie, etc., excepté une fois, croix, loi, poix, paroi, noix, voix ; oie termine aussi le mot masculin foie (foie d'animal.)

8o. Ou, boue, moue, roue, etc., excepté toux.

9e. Ale, ole, ule, ure, ire, ière, oire, elle, terminent tous les noms féminins qui finissent ainsi : cabale, obole, pilule, écriture, cire, bière, armoire, chapelle, excepté : basse, dalle, galle (*noix de*), halle, pierre, grêle, frêle, clientèle, hydrocèle, parallèle. Al termine les noms masculins, excepté intervalle ; elle termine les noms masculins libelle et rebelle, les autres finissent par il, excepté érysipèle, modèle, poèle et zèle.

Oïr est la terminaison des noms masculins en oir, qui dérivent d'un participe présent, comme mouchoir de mouchant, miroir de mirant, etc.

Oire termine les autres noms masculins, ciboire, réfectoire, excepté dortoir, espoir, noir, soir.

Atte, itte, otte, utte règnent dans datte (fruit), jatte, latte, natte, patte, il flatte, il gratte, il quitte, goutte, butte, hutte, lutte.

Les autres mots ainsi terminés s'écrivent avec un seul t, une flûte, guérite, croute, dispute, etc.

Aire termine des noms féminins, chaire, paire, etc., et beaucoup de noms masculins dérivant d'un primitif plus court, comme : notaire de note, sociétaire de société, actionnaire d'action, etc. ; ère termine les autres noms cratère, père, frère, etc., excepté air, chair (d'animal), olair, éclair, fer, enfer, lucifer, frater, éther, fier, hier, mer, ver, Jupiter.

Erre précédé d'une consonne ne règne qu'à la fin de cimeterre, équerre, fumeterre, guerre, serre, tonnerre, verre (vase), et de quelques personnes des verbes comme errer, ferrer, etc.

Iaire, termine les noms masculins : bréviaire, incendiaire, etc., excepté lierre et cimetière.

Eur et our finissent tous les noms masculins ou féminins terminés ainsi : valeur, tambour, etc., excepté beurre, feurre, leurre, heure, demeure, bourre, bravoure et pandoure.

Le son ain commençant un mot est toujours représenté par in ou im , industrie , imposition , etc. , excepté dans la conjonction ainsi. Contraindre, craindre, plaindre et leurs composés sont les seuls verbes en aindre : tous les autres font eindre: feindre , teindre. Vaincre s'écrit aussi par ain.

Au se met avant ge : ange , frange , grange , etc. , avant et après ch , branche , chance , marchand , etc. , excepté dans venger , pencher , engendrer.

Quand la consonne finale d'un mot ne se fait point sentir dans la prononciation, on a recours aux mots dérivés pour la connaître :

Rond.	Ronde.	Soie.	Soierie.	Prompt.	Prompte.
Ras.	Raser.	Gros.	Grosse.	Sang.	Sanglant.
Drap.	Draperie.	Galop.	Galoper.	Rang.	Ranger.
Chant.	Chanter.	Profond.	Profonde	Berger.	Bergère.

Les dérivés conservent l'orthographe de leur radical: sentir , sentence, sensible, abondant, abondante, abondance , etc.; excepté honneur qui s'écrit avec deux n , et ses dérivés avec une : honorer, honorable, honorifique, etc.

Eau termine beaucoup de mots qui n'ont point de singulier en al : caveau, tombeau, etc.

Anse règne dans ceux qui sont formés d'un primitif en ant: enfance d'enfant, etc. Ence, dans ceux qui sont formés d'un primitif en ent : prudence de prudent, virulence de virulent ; excepté quelques-uns, comme : sentence, semence , etc. , qui viennent de sentant, semant.

Anse finit danse , panse et transe. Ense finit dépense, offense, récompense, il pense. Lsion, rsion, est la terminaison des mots qui finissent ainsi: impulsion, version, excepté : insertion, assertion, désertion.

Xion termine connexion, complexion, flexion, réflexion et fluxion.

On écrit par ssion, les mots terminés par ession, mission, cussion, comme : accession , admission , discussion , etc. ; il faut écrire ainsi : ascension , dimension , extension , pension , suspension , appréhension , passion , scission , suspicion.

Tion règne dans tous les autres : nation , portion , section , etc.

Ce termine espèce, Grèce, nièce ; les autres finissent par esse ou aisse.

Oce termine atroce, féroce, négoce, noce, précoce et sacerdoce ; les autres finissent par osse : brosse, grosse, etc.

Uce termine astuce, puce et quelques personnes du verbe sucer, usse règne dans les autres mots.

Jamais une consonne ne se double quand elle est précédée d'une voyelle longue â, ê, î, ô, û : âme, fête, gîte, fantôme, flûte.

Redoublement des Consonnes.

Ne redoublez jamais les consonnes h, j, k, v, x. Le z se double seulement dans lazzi.

B dans abbé, Rabbin, sabbat et dans les dérivés.

C se double quand il est précédé de ce : accent, accusateur ; excepté dans acabit, acacia, académie, acajou, acariâtre, acoustique.

D dans addition, adduction, reddition et dans les dérivés.

G ne se double que dans agglutiner, agglomérer, aggraver, suggérer et dans les dérivés.

L se double toujours quand elle est mouillée, fille, chenille, ailleurs, meilleur, etc. ; excepté dans avril, babil, péril.

M se double dans les adverbes formés d'adjectifs masculins terminés en ant ou en ent : prudent, prudemment, élégant, élégamment, etc.

Les redoublements que nous ne citons point sont sujets à trop d'exceptions : nous ajouterons seulement pour aider la mémoire que :

1°. J précède a ; ou, jatte, jour ; excepté : geai, geôle, Georges. J règne aussi avant les autres voyelles dans je, jeu, jeûne, jeudi, jeter, majeur et majesté.

2°. De oc : occasion ; occupation, etc. ; excepté : ocre, oculiste, océan.

Les consonnes f, l, m, se doublent dans les mots qui commencent :

1º. Par af, ef, of, dif, suf; excepté : afin, Afrique, éfaufiler. (1)

2º. Par al, il (2) col, excepté : alarme, aliéner, aligner, aliment, alité, alerte, alène, alentour, aliquote, alouette, alourdir, île, colère, colifichet, colique, colombe, colonel, colon, colonne, colorer, colorier.

3º. Par im et com; immobilité, commerce, etc.; excepté : image, imitation, comédie, comestible, comète, comité.

4º. N se double dans tous les noms féminins dont le correspondant est terminé par ien : ancien, ancienne ; le sien, la sienne ; etc.

5º. P se double aussi quand il est précédé de a ou de su : apporter, supplier, etc. ; excepté : apaiser, apanage, apens (guet), apéritif, apetisser, apitoyer, aplanir, aplatir, apocalypse, apologue (et dans beaucoup de mots tirés du grec commençant par apo); apostiller, apôtre, après, apurer, supin, suprême et dans tous les mots commençant par super, superfin, superficie, etc.

P précédé de o ne se double que dans opportun, opposer, opprimer, opprobre et dans les dérivés.

R se double dans les mots suivants commençant par ar : arracher, arraisonner, arranger, arrenter, arrérage, arrêter, arrhes, arrière, arrivage, arriver, arroger, arrogance, arrondir, arroser et leurs dérivés; hors de là, on n'emploie qu'une seule r.

Arre précédé d'une consonne règne à la fin de amarre, bagarre, barre, bécarre, bizarre, je carre, fanfarre, je narre, simarre, tintamarre, ainsi que dans les dérivés.

---

(1) F finale ne se double que dans bouffe, chiffre, escogriffe, étoffe, gaffe, greffe, griffe, touffe et truffe.

(2) Il finit baril, chartil, chenil, cil, exil, fil, fournil, fusil, gril, mil, nil, pistil, persil, nombril, outil ; joignez-y : avril, babil, péril, dans lesquels l est mouillée.

Ail et eil terminent les noms masculins bail, émail, etc.; sommeil, vermeil, etc.; sans doubler l quoiqu'elle soit mouillée.

Analyse grammaticale.

Modèle.

L'analyse grammaticale est l'explication de tous les mots d'une phrase ; elle indique de quelle espèce sont les mots et comment il faut les écrire d'après les règles de la grammaire.

Enfans, travaillez à vous rendre vertueux et savans ; la vertu et la science procurent des amis et du crédit dans le monde ; elles sont les seuls vrais biens que Dieu a donnés à l'homme et qu'on ne peut lui ravir sans sa volonté.

Enfans,	Nom commun masculin pluriel.
travaillez	Verbe neutre à l'impératif deuxième personne plurielle, première conjugaison.
à	Préposition.
vous	Pronom personnel de la deuxième personne plurielle.
rendre	Verbe actif, quatrième conjugaison, au présent de l'infinitif, son régime direct est vous.
vertueux	Adjectif qualificatif, qui s'accorde avec le pronom vous.
et	Conjonction.
savans ;	Adjectif qualificatif, qui s'accorde aussi avec le pronom vous.
la	Article simple féminin singulier.
vertu	Nom commun féminin singulier.
et	Conjonction.
la	Article simple féminin singulier.
science	Nom commun féminin singulier.
procurent	Verbe actif, au présent de l'indicatif, troisième personne plurielle, son sujet est vertu et science ; son régime direct est amis et crédit.
des	Article composé masculin pluriel.
amis	Nom commun masculin pluriel.
et	Conjonction.
du	Article composé masculin singulier.
crédit	Nom commun masculin singulier.
dans	Préposition.
le	Article simple masculin singulier.
monde ;	Nom commun masculin singulier.
elles	Pronom de la troisième personne, féminin plu-

	riel, qui s'accorde avec vertu et science dont il tient la place.
sont	Verbe être au présent de l'indicatif, troisième personne plurielle, son sujet est elles.
les	Article simple masculin pluriel.
seuls	Adjectif qualificatif masculin pluriel, qui s'accorde avec biens.
vrais	Adjectif qualificatif masculin pluriel, qui s'accorde aussi avec biens.
biens	Nom commun masculin pluriel.
que	Pronom relatif à biens, masculin pluriel.
Dieu	Nom propre masculin singulier.
a donnés	Verbe actif au passé indéfini, troisième personne du pluriel; son sujet est Dieu, son régime direct est que pour biens.
à	Préposition.
l'	Article simple masculin singulier.
homme	Nom commun masculin singulier.
et qu'	Conjonction composée.
on	Pronom indéfini de la troisième personne, masculin singulier.
ne	Particule négative.
peut	Verbe actif, troisième conjugaison, à la troisième personne singulière du présent de l'indicatif, son sujet est on, son régime direct est ravir.
lui	Pour à lui; pronom personnel de la troisième personne, masculin singulier.
ravir	Verbe actif, au présent de l'infinitif, deuxième conjugaison; son régime direct est biens, et son régime indirect est lui.
sans	Préposition.
sa	Adjectif possessif féminin singulier.
volonté.	Nom commun féminin singulier.

FIN DE LA PREMIÈRE PARTIE.

DEUXIÈME PARTIE.

Précis de l'Analyse logique.

Les mots réunis pour transmettre une pensée complète forment une *phrase*. La plus petite phrase renferme au moins une *proposition ;* celle-ci par exemple : *Vingt ans s'étaient écoulés depuis la dédicace du temple*, ne renferme qu'une seule *proposition* identique à la phrase ; il en est de même de la suivante : *La nature est le système des lois établies par le Créateur pour l'existence des choses et pour la succession des êtres.*

Il y a dans chaque *phrase* au moins autant de *propositions* qu'il y a de verbes employés à un mode personnel : *La minéralogie est la science qui apprend à connaître les minéraux ;* les deux verbes *est* et *apprend* annoncent que cette phrase renferme deux propositions dont la première est : *la minéralogie est la science*, et la seconde, *qui apprend à connaître les minéraux.*

Toute *proposition* se compose nécessairement de trois parties, savoir : le sujet, le verbe et l'attribut.

Le *sujet* est le mot qui énonce l'être ou l'objet sur lequel on porte le jugement ; c'est ou un nom, ou un pronom, ou un infinitif ou même une proposition.

L'*attribut* est le mot qui exprime une qualité ou une manière d'être du sujet. L'attribut est ou un adjectif, ou un participe soit présent soit passé, ou un nom, ou un pronom, ou un infinitif, ou une proposition.

Le *verbe* est le mot qui lie l'attribut au sujet: dans cette phrase: *Dieu est juste*, *Dieu* est le sujet, *juste* l'attribut, *est* le verbe. Le verbe est toujours ÊTRE, mais il ne se montre pas toujours sous cette forme simple, il est quelquefois renfermé avec l'attribut dans un seul mot: *Dieu promet une vie éternelle aux justes ;* pour trouver l'un et l'autre (le verbe et l'attribut) il faut décomposer la proposition en cette sorte : *Dieu* EST *promettant une*, etc. Il en est de même de toutes les propositions qui renferment un autre verbe que le verbe *être.*

Il peut arriver qu'il y ait dans une phrase des propositions

dont le verbe ou l'attribut soit ellipsé , et même l'un et
l'autre , comme lorsque l'on compare ; mais on les supplée
en analysant : *Vous travaillez autant que nous*, sous-entendu , *sommes travaillant.*

Le sujet est *simple* ou *composé*, *incomplexe* ou *complexe.* Il est *simple* , quand il n'exprime qu'une personne
ou qu'une chose , ou une collection de personnes ou de choses de même espèce : Dieu *est puissant; les* HOMMES *sont
mortels.* Il est *composé*, quand il comprend plusieurs objets,
à chacun desquels convient l'attribut de la proposition :
L'HOMME *et la* BRUTE *sont sujets à la mort.* Il est *incomplexe*
quand il n'a ni complément ni modificatif: L'HOMME *est une
créature raisonnable.* Il est *complexe* , quand il a un modificatif quelconque : *L'*HOMME AVARE *est malheureux ;*
L'AMOUR D'UNE MÈRE *est bien grand.*

L'attribut est *simple* ou *composé*, *incomplexe* ou *complexe.* Il est *simple* , quand il ne marque qu'une manière
d'être du sujet : *Dieu est* ÉTERNEL ; il est *composé*, quand
il exprime plusieurs manières d'être du sujet: *Dieu est* BON
et JUSTE. Il est *incomplexe*, quand il n'a aucun modificatif,
aucun complément: *Dieu est* IMMENSE ; il est *complexe* ,
quand il a quelque modificatif, quelque complément: *Dieu
est* INFINIMENT BON; *la gloire de l'homme consiste dans la
vertu* (est CONSISTANT DANS LA VERTU).

Les propositions se divisent généralement en deux espèces , savoir : en *principales* et en *incidentes.*

Les propositions *principales* sont celles qui ne dépendent
d'aucune autre ; elles peuvent être *absolues* ou *relatives :
Dieu a créé le monde et veille à sa conservation ;* dans
cette phrase , la première est une principale *absolue* , la seconde une principale *relative,* parce qu'elle a un certain
rapport avec la première.

Les propositions *incidentes* sont celles qui se rattachent
à un des termes d'une autre proposition , pour en modifier
le sens; on les appelle *explicatives* ou *déterminatives*, selon
qu'elles *expliquent* ou qu'elles *déterminent* le mot auquel
elles se rapportent. Dans cette phrase : *Les hommes,* QUI
SONT MORTELS, *doivent craindre à chaque instant de voir
arriver le moment fatal* QUI DOIT TERMINER LEUR VIE. La
première proposition, *qui sont mortels* , est une incidente
EXPLICATIVE; la seconde, *qui doit terminer leur vie* , est
une incidente DÉTERMINATIVE ; l'incidente *explicative* peut
être supprimée sans que le sens en soit altéré , l'incidente
déterminative ne peut jamais l'être.

En général , on donne à une proposition une dénomina-
tion tirée de la fonction qu'elle remplit dans le discours ; on
l'appelle :

1º. *Subordonnée* , quand elle est sous la dépendance
d'une autre : *Il voulait* QU'ON LUI DONNAT DE L'ARGENT.

2º. *Complétive* , quand elle complète le sens d'une ou de
plusieurs propositions : *Je paierai* PARCE QUE JE DOIS.

3º. *Conditionnelle* , quand elle exprime une condition :
Je le ferai QUAND JE VOUDRAI ; *Je parlerais* SI JE VOULAIS.

4º. *Elliptique* , quand elle exprime implicitement une
pensée , comme *oui*, *non*, mis en réponse à une question
précédente : *Avez-vous lu ?* OUI , c'est-à-dire , *nous sommes ayant lu* ; NON , c'est-à-dire , *nous ne sommes pas ayant lu.* Au FEU ! c'est-à-dire , *soyez accourant au feu.*

5º. *Interjective* , quand elle exprime une interjection :
HÉLAS ! AU SECOURS ! *Hélas* équivaut à : *Je suis ayant de la
douleur. Au secours* , qui s'analyse : *Soyez apportant du
secours à moi.*

6º. Enfin , on l'appelle *interrogative* , quand on interroge :
Avez-vous lu ? Positive , si l'on affirme : *Je lisais ; négative* , si l'on nie : *Je ne lisais pas.*

Figures de Grammaire.

De l'*Ellipse* , du *Pléonasme* , de la *Synthèse*
ou *Inversion* et de la *Syllepse*.

L'*Ellipse* est une figure de grammaire par laquelle on
sous-entend des mots qui rendraient la construction pleine
et entière, mais qui ralentiraient la rapidité du discours.
Ex.: *Heureux qui met en Dieu toute sa confiance.* On sous-
entend *celui.*

Pour que l'*ellipse* soit bonne , il faut que les mots ellip-
sés soient si bien conçus et si bien dans l'esprit , qu'on les
supplée sans la moindre peine , et que leur absence soit une
beauté dans le discours.

On a , par cette figure , justifié les phrases suivantes :

Cette fille est plus petite et plus laide que son père.

Vous régnez, Londres est libre, et vos lois triomphantes.

Je t'aimais inconstant, qu'aurais-je fait fidèle ?

Et les enseignes où l'on trouve :

Vins français et étrangers. Déjeuners froids et chauds.

Mais on en a abusé dans les phrases suivantes :

Il a quarante ans, mais il ne les paraît pas.

J'admire ton éclat, mais crains ta violence.

Il s'en faut bien que j'aie fait pour vous autant que vous pour moi.

Le *Pléonasme* est une figure contraire à l'ellipse ; c'est une surabondance dans l'expression. Ex. : *Prends-moi ces cent écus ; je lui ai remis cette somme moi-même : moi* et *moi-même* pourraient être retranchés, mais ces mots donnent plus de force à la pensée.

Le *pléonasme* ne doit être ni lourd ni emphatique, parce qu'on n'aime la répétition d'une chose qu'autant que cette répétition donne plus de force à la pensée.

Pléonasmes justifiés :

Je l'ai vu, dis-je, vu de mes propres yeux, vu, ce qu'on appelle vu.

Je l'ai entendu de mes propres oreilles.

. . . . . . Point de bruit davantage.

Montez là-haut. . . . . .

La *Synthèse* ou *Inversion* est une figure qui consiste dans le renversement de l'ordre grammatical. Ex. : *C'est ainsi que parlaient ces fiers Romains*, pour *ces fiers Romains parlaient ainsi.*

La *Syllepse* est une figure par laquelle un mot s'accorde, non avec celui auquel il correspond grammaticalement, mais avec celui auquel il correspond par le sens. Ex. : *Une infinité de personnes sont intéressées au succès de cette affaire* ; grammaticalement l'accord devrait se faire avec infinité. C'est encore d'après cette figure, que l'on dit: For-MÉS *par l'expérience, les vieilles gens sont prudens.*

Il y a abus de cette figure dans les phrases suivantes :

Un juge fit lever la main à un teinturier, et comme ILS LES *ont ordinairement noires, le juge lui dit : ôtez votre gant.* (Il fallait : *et comme les teinturiers ont ordinairement les mains noires, etc.*

Ce n'est pas moi qui se ferait prier.

Il ne voit que moi qui s'intéresse à lui.

Emploi des Substantifs.

On emploie le substantif de trois manières différentes qu'on appelle sens : le sens général, *l'homme est un être servi par des organes ;* le sens particulier, *l'homme que j'ai vu ;* le sens vague, *prenez courage.*

122. Un substantif employé dans un sens ne peut-être ni sous-entendu, ni rendu par un pronom qui le ferait entendre dans un autre sens. Ne dites pas : *Reprenez courage et soutenez-le,* parce que courage est employé dans un sens vague d'abord et se fait entendre ensuite dans un sens particulier par le pronom le.

123. Cependant quand l'emploi d'un déterminatif est impossible, ou la répétition du nom désagréable à l'oreille, l'usage fait fléchir la règle ; Racine a dit : *Quand je me fais justice, il faut qu'on se la fasse.* Et Corneille, *grâce ! grâce ! seigneur, que Pauline l'obtienne.*

124. Un substantif ne doit pas être employé deux fois de suite avec une signification différente, ne dites pas: *Le premier jour, Dieu créa le jour,* parce que *jour* d'abord signifie étendue de temps, et ensuite clarté lumière, dites : *Le premier jour Dieu créa la lumière.*

125. Un substantif employé comme tel ne peut pas être rendu par un pronom qui le ferait entendre comme adjectif, ne dites pas : *les riches ne sont si durs envers les pauvres que parce qu'ils n'ont pas peur de le devenir,* dites : *que parce qu'ils n'ont pas peur de devenir pauvres eux-mêmes.*

126. Il faut répéter le nom quand l'emploi d'un pronom cause quelque embarras de construction, ne dites pas: *Paris était renfermé dans une île et elle était fort peuplée ;* dites: *et cette île était fort peuplée.*

127. Les substantifs qui changent de genre en changeant de nombre, ne peuvent pas être employés à un nombre et

rendus ensuite par un pronom qui les rappellerait, à un autre ; ne dites pas : *l'orgue de St.-Quentin est le plus beau de toutes celles que j'ai vues* ; dites : *Les orgues de St.-Quentin sont les plus belles de toutes celles que j'ai vues.*

Emploi de l'Article.

128. Les articles ou leurs équivalents (1) se répètent avant tous les noms mis en sujet ou en régime, quand le premier nom, ainsi employé, est précédé d'un article : *La gloire, les richesses, le génie, les honneurs ne sont rien auprès de Dieu ; consolez les pauvres et les affligés.*

129. En style d'annonce, de palais, de sentence et dans le discours familier, on supprime communément les articles: *l'acte de naissance doit énoncer les prénoms, noms, profession et domicile du père et de la mère ; les ducs et pairs ; les lois et coutumes ; les prix et récompenses.*

130. Les articles pluriels ou leurs équivalents ne se mettent ni devant des noms, ni devant des adjectifs singuliers, on dira : *son père et sa mère ; le quinzième et le seizième siècle*, et non : *ses père et mère, les quinzième et seizième siècle.*

131. Cependant, lorsqu'on a besoin d'une grande précision, l'usage permet d'employer un article pluriel devant des noms ou des adjectifs singuliers : *les père et mère sont responsables des délits de leurs enfans ; je vous prie de m'envoyer tout de suite les quinzième, seizième, dix-septième et dix-huitième volume de l'Encyclopédie.*

132. Les articles ou leurs équivalents ne se répètent pas devant les adjectifs qui tombent sur le même nom : *Une grande et belle maison ; le simple et sublime La Fontaine.*

Mais la répétition devient nécessaire :

133. 1°. Lorsqu'on veut attirer l'attention et multiplier en quelque sorte ce qui n'est qu'un : *O le sot, l'impertinent auteur.* (Dans ce cas on évite l'emploi de la conjonction et).

______

(1) Cette partie de règle ne s'applique qu'aux noms communs, car avec un nom propre, on dit : *les Bossuet, les Bourdalou, les Massillon ont illustré la chair évangélique.* On emploie l'article au pluriel, bien qu'il n'y ait qu'un Bossuet, un Bourdalou, un Massillon.

134. 2°. Lorsque les adjectifs qui se suivent sont employés au superlatif relatif: *c'est mon plus beau et mon meilleur cheval qui est mort ; la mer la plus terrible et la plus orageuse.*

135. 3°. Devant des adjectifs qui, marquant des qualités opposées, annoncent des objets différents : *mon grand et mon petit appartement ; les vierges sages et les folles.*

136. Cependant, lorsqu'on a besoin d'une grande concision, on peut, à l'exemple de quelques bons écrivains, supprimer les articles devant des adjectifs qui expriment des qualités différentes ; Voltaire a dit : *les pièces espagnoles et anglaises ;* Chateaubriand, *les sciences divines et humaines ;* Montesquieu : *les historiens anciens et modernes. Les femmes peuvent imiter tous les chants des oiseaux mâles et femelles.*

137. On supprime l'article devant un adjectif suivi d'un nom pris dans un sens indéterminé : *je mange de bon pain ; il a d'excellens fruits ; vous possédez de belles maisons.*

Cette règle a trois exceptions :

138. Première exception. On doit employer l'article, quand le nom est déterminé par ce qui suit : *il a mangé du bon pain que je lui ai vendu.* — On dit également bien : *je ne vous ferai pas des reproches inutiles,* et, *je ne vous ferai pas de reproches inutiles.*

139. Deuxième exception. Si l'adjectif et le nom qui le suit, ont ensemble le sens d'un nom composé, on doit employer l'article: *j'ai mangé des petits pois et des petits pâtés ; vous avez dit des bons mots ; ce siècle a produit des grands hommes ; voilà des jeunes gens.*

140. Troisième exception. Si l'on voulait donner au nom un sens précis et déterminé pour qu'il fixât particulièrement l'attention, on devrait encore employer l'article : *voilà de la vraie poésie ; c'est de la bonne philosophie ; j'ai du bon tabac, j'ai du meilleur pain.*

141. On supprime l'article devant les substantifs lorsqu'ils sont employés en régime d'un verbe accompagné d'une négation, ou d'un collectif, ou d'un adverbe de quantité : *je ne vous ferai pas de reproches, vous avez vu un grand nombre de villes ; il reste peu de fruits.*

Cette règle a deux exceptions :

142. Première exception. Quoique l'expression qu'on emploie soit négative, on a quelquefois dans l'esprit un sens

positif, et alors il faut rétablir l'article : *je n'ai pas de l'argent pour le dépenser follement.*

143. **Deuxième exception.** On fait encore usage de l'article, dans une proposition négative, lorsqu'on veut exprimer une opposition : *je ne veux pas du vin, mais de l'eau.*

144. Quand la proposition est négative et interrogative, on emploie ou l'on omet l'article, selon le sens positif ou négatif que l'on veut exprimer :

N'avez-vous pas du pain ?   N'avez-vous pas de pain ?

N'avez-vous pas des enfans ? N'avez-vous pas d'enfans ?

145. *Ce n'est pas quand elle était le plus pauvre, qu'elle était la moins heureuse. Cette dame qui est la plus riche de toute la ville, n'est pas la plus heureuse.* — L'article est invariable dans le superlatif absolu et variable dans le superlatif relatif.

146. La suppression ou l'emploi de l'article change quelquefois la signification des mots ; par exemple : *Un officier du génie*, est un officier qui appartient au corps du génie. *Un officier de génie*, est un officier qui a du génie.

EMPLOI
DES ADJECTIFS.

147. Tout adjectif ou modificatif quelconque doit se rapporter à un substantif ou à un pronom exprimé; ne dites pas: *Fidèle à notre devoir et aux intérêts de la patrie, notre choix doit tomber sur des hommes probes et désintéressés ;* dites : *Fidèles à notre devoir et aux intérêts de la patrie, nous devons faire tomber notre choix sur....*

148. Les adjectifs possessifs doivent être remplacés par des articles quand le sens indique clairement quel est l'objet possesseur; ne dites pas : *J'ai mal à ma tête ; il s'est cassé sa jambe ;* dites : *J'ai mal à la tête ; il s'est cassé la jambe.*

149. Cependant, l'usage veut que l'on dise : *je me suis*

tenu toute la journée sur mes jambes ; je l'ai vu de mes propres yeux.

15o. *Son , sa , ses , leur*, en rapport avec un nom de chose , se remplacent par le pronom *en* toutes les fois qu'on peut faire usage de ce pronom ; ne dites pas : *Cette étoffe est vieille , ses couleurs sont éteintes ;* dites : *les couleurs en sont éteintes.*

151. Mais on emploie fort bien l'adjectif possessif en rapport avec un nom de chose , s'il est accompagné d'une préposition : *Paris est une belle ville , j'admire la grandeur de ses édifices.*

152. Les adjectifs possessifs ne doivent point être employés d'une manière équivoque ; ne dites pas : *En quittant le monde, on ne quitte le plus souvent ni ses travers , ni ses folles passions ;* dites : *ni les travers , ni les folles passions du monde.*

153. On emploie *son , sa , ses ,* après *chacun,* quand *chacun* n'est pas placé entre le régime et le verbe : *Ces enfans ont fait des réponses chacun selon* SON *savoir,* mais on emploie *leur , leurs,* quand *chacun* est entre le régime et le verbe. *Ils ont cassé chacun* LEUR *pupître.*

154. *Chacun* accompagnant un verbe neutre gouverne indifféremment *son , sa , ses ,* ou *leur , leurs : Ils mourront chacun à son tour, ou à leur tour.*

155. Il ne faut pas déterminer par un adjectif possessif un substantif qui est suffisamment déterminé par un pronom relatif ; ne dites pas : *il cache sa honte dont il est accablé ;* dites : *il cache la honte dont il est accablé.*

156. L'adjectif *chaque* doit toujours être suivi d'un substantif et ne peut remplacer *chacun ;* ne dites pas : *ces ouvrages sont de dix volumes chaque ;* dites : *sont de dix volumes chacun.*

157. L'adjectif *tel* ne doit pas s'employer pour *quel* ou *quelque ;* ne dites pas : *tel puissant qu'il soit ; tel temps qu'il fasse ;* dites : *quelque puissant qu'il soit ; quelque temps qu'il fasse.*

158. L'emploi de *quel* pour *quelque* est aussi une faute ; ne dites pas : *quelle chose qu'il arrive ;* dites : *quelque chose qu'il arrive.*

159. *Tout* se répète devant tous les adjectifs qu'il modifie , quand les substantifs sont de différents genres ou de

différents nombres : *Il a perdu toute l'affection et tout l'attachement qu'il avait pour moi.*

160. Quand les substantifs sont de même genre et de même nombre, la répétition dépend de l'oreille ou du goût. *Tous les pères et les enfans ; tous les pères et tous les enfans.*

161. Certains adjectifs changent la signification du substantif en changeant de position : *un pauvre homme est un homme peu capable ; un homme pauvre est un homme sans fortune ; un honnête homme est un homme d'honneur et un homme honnête est un homme poli.*

162. Il y a des adjectifs qui ne sont susceptibles d'aucun modificatif ; tels sont : *éternel, immortel, universel, extrême, immense,* etc.

163. Les adjectifs *possible* et *impossible*, ne souffrent pas le voisinage du verbe *pouvoir* ; ne dites pas : *il est possible* ou *impossible que je puisse vous servir ;* dites : *que je vous serve.*

164. *Possible* ne doit jamais être précédé immédiatement de la conjonction *que* ; ne dites pas : *je le ferai aussitôt que possible ; il en a autant que possible ;* dites : *je le ferai aussitôt qu'il me sera possible ; il en a autant qu'il est possible.*

165. *Digne* sans négation se dit également du bien et du mal : *il est digne de récompense ; il est digne de punition.*

166. *Digne* avec une négation ou *indigne* ne se dit que du bien : *il n'est pas digne,* ou est *indigne* de *récompense* il n'est pas *digne,* ou est *indigne* de votre amitié. — On ne dirait pas : *il n'est pas digne,* ou est *indigne de punition ;* il faudrait : *il ne mérite pas une punition.* — On ne dira pas non plus : *il est peu digne de votre haine.*

167. *Susceptible, capable,* Il ne faut pas confondre ces deux adjectifs. Le dernier signifie *qui est en état de faire* et se dit des personnes ; le premier signifie *qui peut recevoir* et se dit des choses : *Un homme qui ne craint pas Dieu, est capable de tous les crimes ; la jeunesse est susceptible de toutes sortes d'impressions.*

168. Cependant *capable* se dit des choses si l'on veut exprimer une idée de contenance ; ou signifier *qui peut avoir tel ou tel effet : cette salle est capable de contenir tant de personnes ; des vers capables d'enflammer le courage.*

169. *Susceptible* se dit d'une personne, pour signifier

qu'elle se fâche facilement : *ménagez les vieilles gens, ils sont susceptibles.*

170. *Excusable* ne se dit que des personnes : *un homme excusable* ; mais *déplorable* et *pardonnable* ne s'appliquent qu'aux choses : *une faute pardonnable* ; *un malheur déplorable.*

171. Ne joignez jamais à un nom un adjectif qui ne ferait qu'en répéter l'idée ; comme : *rond, orageux* et *froide* ; dans ces exemples : *un cercle rond* ; *une tempête orageuse* ; *une froidure fort froide.*

172. Il faut bien assortir les adjectifs, ne dites pas : *une somme conséquente* pour une somme considérable ; *un homme fortuné*, pour un homme heureux ; *une rue passagère*, pour une rue passante ou fréquentée.

173. Il y a un grand nombre d'adjectifs qui ne peuvent être régis que par le verbe être ; ne dites pas : *il jugea convenable* ou *à propos de répondre* ; *il pense utile de parler* ; mais dites : *il jugea qu'il était convenable* ou *qu'il était à propos de parler.* On dit bien je les crois bonnes, je les juge convenables, mais le cas est différent ; bonnes et convenables se rapportent au pronom les, et ne sont pas régimes des verbes : *je crois, je juge.*

174. On dit indifféremment : *tous deux, tous les deux.* La distinction qu'ont voulu établir les grammairiens sur ces deux locutions, n'est fondée ni sur le raisonnement, ni sur l'usage. — On emploie aussi indifféremment : *second* et *deuxième.*

Emploi des Pronoms.

175. Quand on énonce de suite plusieurs pronoms de différentes personnes, on les énonce par ordre de priorité ; la première personne a la priorité sur la seconde, et la seconde a la priorité sur la troisième : *Toi et lui serez contents.*

176. Cependant on dit : *toi et moi, vous et moi* ; la civilité veut qu'on se nomme soi-même en dernier lieu.

177. Il faut éviter toute équivoque dans l'emploi d'un pronom. Ne dites pas : *Molière a surpassé Plaute dans ce qu'il a fait de mieux*, dites : *Molière, dans ce qu'il a fait de mieux a surpassé Plaute* ; ou, *Molière a surpassé Plaute dans ce que celui-ci a fait de mieux.* — J'ai acheté une

maison pour votre sœur que je trouve fort jolie ; il faut : j'ai acheté pour votre sœur une maison que je trouve fort jolie.

178. Il est des cas où les pronoms ne peuvent pas remplacer les noms : par exemple, en parlant d'un homme érudit et d'un caractère ferme, on ne dira pas : *il n'y a pas de plus forte tête que la sienne*, et d'un habile maître d'armes : *il n'y a pas de plus fine lame que la sienne* ; on devra dire : *il n'y a pas de plus forte tête que lui ; il n'y a pas de plus fine lame que lui.*

179. Un pronom pluriel ne peut pas se rapporter à un nom singulier ; ne dites pas : *Tout homme est menteur, aussi je ne leur accorde plus qu'une demi-confiance* ; dites : *tous les hommes sont*, etc. ; ou bien : *Tout homme est menteur, aussi je n'accorde plus aux hommes*, etc.

180. Un même pronom ne doit pas être employé plusieurs fois de suite avec des rapports différens. Ne dites pas : *On n'est pas content quand on nous trompe*, dites : *on n'est pas content quand on est trompé.*

181. Les pronoms *lui, leur, elle, eux, elles*, précédés d'une préposition, ne se disent que des personnes ; mais en parlant de choses, ces mêmes pronoms doivent se remplacer par *en* et *y*, à moins que l'usage ne s'y oppose ; en parlant d'un livre, ne dites pas : *je me sers de lui*, d'un cheval, *je toucherai à lui* ; il faut : *je m'en sers ; j'y toucherai.*

182. Cependant on dira : *ce livre, je lui dois mes connaissances ; ce chien, je lui dois la vie* ; il n'y a pas d'autre manière de s'exprimer.

183. Les pronoms possessifs *le sien, le leur*, etc., s'emploient d'une manière analogue. Ne dites pas en parlant des fruits d'un arbre : *les siens sont meilleurs.*

184. *Plus on approfondit l'homme, plus on y découvre de faiblesse et de grandeur. Pensez-vous à moi ? j'y pense. C'est un honnête homme, fiez-vous y.* Dans ces sortes de phrases, on désigne vaguement la personne, et on la regarde, pour ainsi dire, comme un objet quelconque.

185. Après le verbe *être*, les pronoms *lui, elle, eux, elles*, ne se disent que pour les personnes ; ainsi à ces questions : *Est-ce là votre chapeau ? Sont-ce là vos plumes ?* il ne faut pas répondre, *oui, c'est lui ; oui, ce sont elles* ; il faut dire : *oui, ce l'est ; oui, ce les sent.*

186. L'antécédent d'un *qui* ne peut s'ellypser qu'en par-

lant de personnes : *nous haïssons toujours qui nous force
à le craindre ;* ce serait une faute de dire en parlant de
fruits : *beaucoup qui étaient déjà mûrs* (*), *ne tardèrent
pas à tomber.*

187. On remplace *que, dont, de qui, à qui ;* par *lequel,
duquel, de laquelle, desquels, auquel,* etc. Lorsqu'on
veut éviter une équivoque ; au lieu de dire : *j'ai vu la sœur
de mon cousin qui va se marier,* dites : *lequel ou laquelle
va se marier.*

188. D'après les auteurs on dit également : *lequel des
deux fut le plus intrépide César ou Alexandre ?* ou bien :
*lequel des deux fut le plus intrépide de César ou d'Alex-
andre.* — Cependant si le nom était un **r**égime indirect
répété marqué par *de*, il faudrait absolument répéter la
préposition devant le nom : *duquel des deux voulez-vous
parler de César ou d'Alexandre.*

189. *C'est un homme que j'ai cru qui ferait fortune ;
c'est une affaire que j'ai cru qui serait bientôt terminée.*
Cette manière de s'exprimer est généralement condamnée.
Ces *que, qui,* en cascade sont désagréables ; il faut :
*c'est un homme que j'ai cru devoir faire fortune ; c'est
une affaire que j'ai crue devoir être bientôt terminée.*

190. *Qui,* régime d'une préposition, ne s'emploie que
pour les personnes et les choses personnifiées ; ne dites pas :
*l'arbre à qui j'ai donné un coup de hache, le chien à qui
j'ai jeté un os ;* dites, *auquel j'ai,* etc.

191. Il ne faut pas accumuler les relatifs quand ils ne se
rapportent pas au même antécédent. Ne dites pas : *dans
les aumônes que l'on fait, il faut avoir égard à la pudeur
de ceux qui demandent, qui les trahit quelquefois et
qui découvre leur naissance malgré eux :* dites : *dans les
aumônes que l'on fait, il faut avoir égard à la pudeur de
ceux qui demandent ; elle les trahit quelquefois et découvre leur naissance malgré eux.*

192. *Qui,* pronom interrogatif, ne s'emploie que pour
les personnes. Ne dites pas : *qui sont les contrées ! qui
est ce cheval ?* dites : *quelles sont les contrées ? quel est
ce cheval ?*

193. Les pronoms *celui, celle, ceux, celles,* ne doi-

____

(*) Cependant, on dit bien : il y en a beaucoup qui sont
mûrs, c'est que le pronom en tient lieu d'antécédent.

vent pas être suivis immédiatement d'un adjectif ni d'un modificatif quelconque ; ne dites pas : *ces marchandises ne sont pas celles reçues ce matin ; vos succès présens me répondent de ceux à venir ;* dites : *celles qu'on a reçues ; de vos succès à venir.*

194. *L'un et l'autre, l'un l'autre, l'un de l'autre, l'un à l'autre,* ne se disent ordinairement que de deux personnes ou d'un petit nombre : *ces deux frères se nuisent l'un à l'autre, ces frères parlent mal l'un de l'autre ;* mais en parlant d'une manière générale, ou d'un grand nombre , on dit : *les uns les autres, les uns aux autres ; nos soldats s'excitaient les uns les autres , se nuisaient les uns aux autres.*

195. Quand on veut exprimer une simple idée de pluralité, on se sert de *l'un et l'autre , les uns et les autres ;* mais si à l'idée de pluralité, on veut ajouter celle de réciprocité, il faut employer *l'un l'autre, les uns les autres : Virgile et Horace étaient l'un et l'autre de grands poètes ; ils s'aimaient l'un l'autre.* — Dans ces sortes de phrases : *l'un, les uns* est ordinairement relatif au premier, *l'autre les autres,* au second.

196. Le pronom *le* employé pour *cela*, remplace un adjectif, un verbe, une proposition, quelquefois même des substantifs : *elle est plus grande que je ne le croyais ; elle travaille autant qu'elle le peut ; je les reçois comme ils le méritent ; les objets de nos vœux le sont de nos plaisirs ; voyez Aigues-Mortes et Ravenne qui ont été des ports et qui ne le sont plus ; sa blancheur le dispute à la mienne. Madame, êtes-vous mère ? oui je le suis. Etes-vous la mère de cet enfant ? je ne la suis pas. Le ,* peut se tourner par *cela ;* mais *la,* se refuse à ce changement.

197. L'ellypse du pronom est généralement regardée comme une faute dans les phrases suivantes et leurs analogues : *l'immortalité réservée aux hommes élève leur condition au-dessus des bêtes ; l'empire de Perse et de Syrie ne furent jamais si forts que celui des Parthes ; l'aigle tyrannise également les habitans de l'air et de la terre ;* il faut : *l'immortalité réservée aux hommes élève leur condition au-dessus de celle des bêtes ; l'empire de Perse et celui de Syrie ; les habitans de l'air et ceux de la terre.*

198. Les pronoms *le, la, les, me, te, nous, vous, se,* doivent se répéter avant tous les verbes dont ils sont régimes. Ne dites pas : *ce qui me soutient et rassure ; il s'est acquis une estime générale et rendu célèbre ;* dites :

*ce qui me soutient et me rassure ; il s'est acquis une es-
time générale et s'est rendu célèbre.*

199. On emploie *ce* devant le verbe être commençant un second membre de phrase, lorsqu'on veut donner à ce verbe plus de force, ou le lier plus intimement à la première partie : *ce que je chéris le plus au monde, c'est ton amitié; aimer à lire, c'est faire un échange des heures perdues contre des heures agréables.*

200. Ne dites pas : *cet habit, je lui ai donné ce matin ;* dites : *cet habit, je le lui ai donné ce matin.* Les pronoms *le , la , les ,* ne se sous-entendent pas.

201. Il ne faut pas employer *dont* pour *d'où.* On emploie *d'où* quand il est question d'un lieu, *le jardin d'où il sort ;* et *dont* quand on veut indiquer l'extraction, l'origine : *la famille dont il sort.*

202. Quand les pronoms *celui-ci, celle-ci,* sont mis en opposition avec *celui-là, celle-là ; celui-ci, celle-ci,* rappellent le dernier objet nommé; *celui-là, celle-là* le premier : *Héraclite et Démocrite étaient d'un caractère bien différent, celui-ci* (Démocrite) *riait toujours, celui-là* (Héraclite) *pleurait sans cesse. Ceci, cela, voici, voilà,* suivent la même analogie.

203. Relativement à quelque chose qu'on a énoncé, on emploie *celui-là, celle-là, ceci, cela, voici, voilà : celui-là n'était pas celui qu'il désirait, on lui en présenta un autre;* et relativement à quelque chose qu'on va énoncer, on emploie *celui-ci, celle-ci : il ne faisait entendre d'autres plaintes, d'autres cris que celui-ci: je suis citoyen romain.*

204. Dans les phrases suivantes : *celui-là est vraiment honnête homme qui fait naturellement son devoir ; celle-là n'est pas vraiment mère qui n'élève pas son enfant ;* on ne pourrait pas mettre *celui-ci, celle-ci.*

205. *Le second ou le deuxième* se met par opposition à *le premier ; l'autre* se met par opposition à *l'un.* Il ne faut pas dire : *le premier voulait lire , l'autre voulait écrire ;* il faut : *le premier voulait lire, le second voulait écrire ,* ou *l'un voulait lire , l'autre voulait écrire.*

206. On emploie *soi :* 1°. après un sujet vague et indéterminé : *chacun pense à soi ; n'aimer que soi;* 2°. après une préposition en parlant des personnes ou des choses : *cet homme est content de soi* (ou de lui); *de soi, ce remède est excellent ;* 3°. pour éviter une équivoque : *le capucin*

qui demande pour Dieu , demande aussi pour soi. — *Soi* est d'un rare emploi en rapport avec un pluriel.

207. Il est contre le bon goût d'employer *l'on* au commencement d'une phrase , ou devant un mot qui commence par une *l*. Ne dites pas : *l'on n'est pas toujours content ; ils sont égarés , mais l'on les retrouvera ;* dites : *on n'est pas* etc. , *on les retrouvera.*

208. Ne dites pas : *on se sent naturellement entraîné vers ceux qui nous font du bien ;* ce changement de personne donne du louche à la phrase , il faut : *vers ceux dont on reçoit du bien ;* ou bien *nous nous sentons naturellement entraînés vers ceux qui nous font du bien.* (*)

209. *A quoi, sur quoi,* etc., s'emploient relativement à quelque chose d'indéterminé: *il n'est rien à quoi je ne m'attende de votre part.* Ne dites donc pas: *c'est une affaire à quoi je ne pensais pas ;* il faut dire , *à laquelle.*

210. Il y a une grande différence entre *ce qui plaît* et *ce qu'il plaît. Ce qui plaît,* c'est ce qui fait plaisir *; ce qu'il plaît,* c'est ce que l'on veut: *les insensés sacrifient leurs intérêts à ce qui leur plaît ; les gens d'un caractère opiniâtre ne veulent faire que ce qu'il leur plaît.*

Emploi des Sujets.

Répétition et Ellypse du Sujet et du Verbe.

EMPLOI DE L'AUXILIAIRE AVOIR ET ÊTRE.

211. Dans les verbes pronominaux , le pronom réfléchi doit toujours être du même nombre et de la même personne que l'antécédent du *qui* , dites : *moi qui me trompe, toi qui te trompes, lui qui se trompe, nous qui nous trompons, vous qui vous trompez , eux qui se trompent.* Il est donc contre la grammaire de dire : *ce n'est pas moi qui se ferait prier.*

212. Tout verbe employé à un mode personnel doit avoir un sujet et, réciproquement, tout sujet doit avoir un verbe,

---

(*) *Tel qui rit vendredi, dimanche pleurera :* Quelques grammairiens ont condamné cette construction , et veulent qu'on dise: *Tel rit vendredi, qui dimanche pleurera.* Cette critique ne nous paraît pas juste. Les auteurs ont employé les deux manières d'écrire.

à moins qu'il n'y ait un pléonasme autorisé par l'usage. Ne dites pas: *en quoi le général fut le plus heureux, fut d'avoir battu l'ennemi ;* dites : *ce en quoi.... ce fut d'avoir,* etc.

213. Quand le sujet d'un verbe a été énoncé, il ne faut pas le répéter par un pronom. Ne dites pas : *Alexandre sur le point de mourir, il appela Perdicus ;* dites, *appela ;* car *Alexandre* est le sujet de *appela.*

214. Les pronoms employés comme sujets peuvent se sous-entendre devant des verbes rapprochés et employés au même temps : *il vous aime et vous le dit ; je plie et ne romps pas.*

215. Mais il faut répéter les pronoms sujets quand on passe d'une préposition affirmative à une négative (ou réciproquement), et que toutes deux ont une certaine longueur : *je l'ai vu hier à la fête, mais je ne lui ai pas parlé de votre affaire.*

216. *On* se répète devant tous les verbes dont il est sujet : *on étudie, on lit, on écrit, mais on ne joue pas.*

217. Le sujet se place après le verbe quand on interroge: *viens-tu? que dit-elle?* et quand on rapporte les paroles de quelqu'un : *je suis content, dit-il.*

Cependant à l'exception de *ai-je? dois-je? sais-je! fais-je? vois-je?* que l'usage autorise, on ne dira pas avec une première personne monosyllabique: *sens-je? dors-je?* etc. Ces expressions sont trop dures, il faut prendre un autre tour, et dire : *est-ce que je sens? est-ce que je dors?*

218. Si le verbe avec lequel se fait l'interrogation est à la troisième personne du singulier et finit par un *e* muet, il faut faire précéder le pronom d'un *t* euphonique: *arrivera-t-elle? viendra-t-elle?*

219. Lorsque le verbe avec lequel on interroge est à la première personne et finit par un *e* muet, cet *e* se change en un *e* fermé: *chanté-je? parlé-je?* On dit aussi par forme de souhait : *puissé-je?*

220. Tout verbe doit se répéter quand il change de régime ; Ne dites pas : *le fruit qu'on tire de la retraite, est de se connaître et tous ses défauts ;* dites: *est de se connaître et de connaître tous ses défauts.*

221. Quand on peut remplacer une proposition complétive par un verbe à l'infinitif, on doit le faire pour l'ornement et la concision: au lieu de dire : *je ne crois pas que je puisse entreprendre cet ouvrage ; il a promis qu'il nous*

rendrait ce service ; dites : *je ne crois pas pouvoir*, etc., *il a promis de nous rendre*, etc. *Pépin ne vécut pas assez long-temps pour qu'il pût mettre la dernière main à tous les projets qu'il avait conçus* ; dites : *Pépin ne vécut pas assez long-temps pour mettre la dernière main.*

222. Un verbe ne peut être suivi de plusieurs infinitifs qui expriment des actions qu'on ne peut attribuer au même sujet ; ne dites pas : *les hommes que nous avons vus mourir et enterrer cette semaine* ; dites : *les hommes que nous avons vus mourir et que nous avons vu enterrer cette semaine.* — La répétition devient inutile quand les infinitifs peuvent être attribués au même sujet : *j'ai vu deux hommes acheter et enlever un livre sans le payer.*

223. On ellypse *être* quand les attributs sont de même espèce, et *avoir* quand les régimes sont aussi de même espèce : *ces enfans sont doux, prévenans, complaisans ; le tailleur a coupé, cousu, piqueté un gilet en deux heures.*

224. Mais il faut répéter *être* quand les attributs sont d'espèces différentes : *il est prince, il est jeune, il est votre vengeur.* (Vol.) Il faut répéter *avoir* quand les participes actifs qui le suivent ont des régimes qui sont des mots de différentes espèces. Ne dites pas : *il ne faut condamner personne sans l'avoir entendu et examiné ses actions* ; dites : *sans l'avoir entendu et sans avoir examiné ses actions.*

Emploi des Modes.

Mode Indicatif.

225. *Le présent* sert à marquer qu'une chose est ou se fait au moment de la parole ou habituellement : *je bois, je mange ; voulez-vous partager avec moi ; il aime la paix. Que peuvent contre Dieu tous les rois de la terre, il parle, et dans la poudre il les fait tous rentrer.* (Racine.)

226. Le présent se met aussi pour le futur : *je pars dans trois jours ; je reviens dans un moment* (1); et pour le passé, afin de rendre la diction plus vive, plus énergique : *En 1270, Louis IX passe en Afrique, assiége Tunis, et meurt le 25 août d'une maladie contagieuse.*

____

(1) Il faut que le futur soit prochain, ce serait mal de dire : *il part dans dix mois.*

227. Quand on emploie le **présent** pour le passé ou pour le futur , tous les verbes relatifs à la même circonstance doivent être au même temps. Ce serait mal de dire: *Louis IX passe en Afrique , assiégea Tunis,* etc. — Cependant on dit: *c'est moi qui fis ; c'est,* ou *ce fut Cicéron qui sauva Rome.*

228. Dans la narration ou dans la conversation, il est permis de passer d'un temps à un autre, pourvu que les verbes ne soient pas dans la même phrase: *j'ai vu, seigneur, j'ai vu votre malheureux fils traîné par les chevaux que sa main a nourris. Il veut les rappeler , et sa voix les effraie ,* etc. — *Veut* est ici pour *il a voulu ; effraie* pour *a effrayé.*

229. L'imparfait est un temps indéterminé ou indéfini qui exprime simultanéité d'action ou d'existence, relativement à un instant passé : *je lisais pendant que vous écriviez ; nous savions déjà que Napoléon n'était plus quand vous vîntes nous voir.*

230. Mais on ne doit point l'employer pour exprimer une chose toujours vraie ou encore existante au moment de la parole. Ne dites pas: *j'ai appris que vous étiez mon père ; je savais que Jésus-Christ était mort pour la rédemption des hommes;* dites : *j'ai appris que vous êtes mon père ; je savais que Jésus-Christ est mort pour la rédemption des hommes.*

231. Quand on ne considère la chose que comme existante à une époque passée, on peut employer l'imparfait : *je sais ou je savais que mon père était malade ; nous ignorions que ma sœur était mariée.*

232. L'imparfait précédé de *si* s'emploie aussi pour le présent et le futur: *si j'étais riche maintenant ou dans deux ans, je vous ferais une rente.*

233. Le passé défini ne s'emploie que pour exprimer une antériorité de temps au moins d'un jour, d'une semaine, d'un an, d'un siècle, relativement à l'instant de la parole; dites: *je reçus deux lettres hier,*

mon père vint me voir l'an passé ; ce fut sur le mont Sinaï que Dieu donna sa loi à Moïse ; on ne pourrait pas dire: *il fit beau aujourd'hui, cette semaine, cette année*, parce que le jour, la semaine ou l'année n'est pas écoulée.

234. Cependant nos bons auteurs ont quelquefois employé le passé défini pour exprimer une chose qui venait d'avoir lieu :

> *L'insecte du combat se retire ;*
> *Comme il sonna la charge, il sonna la victoire.*
> (Lafontaine).

> *La terre s'en émeut, l'air en est infecté.*
> *Le flot qui l'apporta recule épouvanté.* (Racine.)

Sonna est employé pour *a sonné*, et *apporta* pour *a apporté.*

235. Le passé indéfini exprime une antériorité de temps quelconque relativement à l'instant de la parole, et peut s'employer pour le passé défini.

> *Rome a été incendiée* ou *fut incendiée par les Gaulois.*
> *La république Romaine a existé* ou *exista sept cents ans.*

236. Ce temps s'emploie aussi pour un futur composé: *Avez-vous bientôt fait ? J'ai fini dans un moment ;* pour : *Aurez-vous bientôt fait ? J'aurai fini dans un moment.*

237. Nous avons remarqué au sujet du présent que tous verbes relatifs à la même circonstance doivent se mettre en rapport de temps, cette remarque s'applique aussi au passé indéfini, dites: *je vins, je vis, je vainquis ; ou je suis venu, j'ai vu, j'ai vaincu ;* mais ne dites pas : *je vins, je vis, j'ai vaincu.*

238. Le passé antérieur exprime une antériorité de temps relativement à un instant déjà écoulé : *quand nous eûmes dîné nous partîmes pour la chasse.*

239. Le plus-que-parfait exprime une antériorité de temps relativement à un instant passé ou présent: *J'avais déjà entendu dire qu'il y a des pays où il ne pleut jamais, mais je ne le croyais pas. J'avais dormi quand on vint m'éveil-*

240. Le plus-que-parfait ne peut point s'employer pour le *[...]*. Ne dites pas: *je sais que vous aviez voyagé,* mais *[...] que vous avez voyagé.*

241. Le futur simple exprime une postériorité de temps relativement à l'instant de la parole : *Nous partirons ce soir et nous arriverons demain.* Ce temps s'emploie pour l'impératif quand il exprime un commandement ou une défense : *Vous aimerez votre prochain ; vous ne déroberez point.*

242. Le futur antérieur exprime une antériorité de temps relativement à un instant futur : *J'aurai terminé mon ouvrage avant le printemps. Vous arriverez quand je n'aurai plus rien à faire.*

243. Le conditionnel exprime une affirmation avec la dépendance d'une condition, d'un souhait : *Je travaillerais si j'avais de l'ouvrage. Que je serais content de vous voir. Nous serions heureux si nous savions maîtriser nos passions.*

244. Après *si* mis pour *supposé que*, on peut employer le conditionnel passé au lieu de l'imparfait et du plus-que-parfait : *Annibal eût pris Rome, s'il eût marché sur cette ville aussitôt après la victoire de Cannes.*

245. Remarque. On ne peut pas employer le conditionnel quand il n'y a point de condition exprimée : *J'ai appris que vous partiriez bientôt*, est une faute, il faut : *que vous partirez bientôt.* (1)

Mode Subjonctif.

247. Le subjonctif est un mode du verbe, qui sert à marquer la subordination du verbe d'une proposition subordonnée au verbe de la proposition principale.

248. A moins qu'on ne veuille absolument affirmer, on emploie le subjonctif :

1°. Après un verbe accompagné d'une négation ; 2°. Après un verbe unipersonnel ; 3°. Après un verbe qui exprime un commandement, un doute, un souhait, un désir, une crainte, etc. ; 4°. Après le seul que, le seul de ; 5°. Après un substantif ; ainsi on dira :

Avec le subjonctif, (on n'affirme pas.)	Avec l'indicatif (on affirme.)
Je ne pense pas qu'il veuille venir.	Je ne pense pas qu'il veut venir.

---

(1) Cette règle est souvent violée par les auteurs ; ils emploient assez généralement le futur quand ils veulent affirmer, et le conditionnel quand ils veulent marquer une sorte d'incertitude.

Croyez-vous que le coupable dorme tranquille.	Croyez-vous que le coupable dort tranquille.
Il semble que vous ayez à me parler.	Il semble que vous avez à me parler.
C'est le seul ami que nous ayons.	C'est le seul ami que nous avons.
C'est le plus habile médecin que je connaisse.	C'est le plus habile médecin que je connais.
Montrez-moi un chemin qui conduise à la ville.	Montrez-moi un chemin qui conduit à la ville.
Il faut donner à chaque verbe un régime qui lui convienne.	Il faut donner à chaque verbe le régime qui lui convient.

Nota. Dans ces phrases, l'emploi du subjonctif est bien plus fréquent que celui de l'indicatif.

250. On dit : *Je ne sache pas avoir vu cet homme. Il n'y a personne que je sache.* Cet emploi du verbe savoir semble se borner à la première personne; il se dit même peu au pluriel. (l'Académie consultée.)

249. Après les conjonctions *afin que, à moins que, en cas que, bien que, de peur que, quoique, quelque ....que,* etc.; on emploi toujours le subjonctif.

250. Le verbe subordonné à *tout* se met au mode indicatif: *Tout bon qu'il est ; Tout savant qu'il était.*

Correspondance

DES TEMPS DU SUBJONCTIF AVEC CEUX DE L'INDICATIF

DU CONDITIONNEL ET DE L'IMPÉRATIF.

251. Quand le verbe de la proposition principale est au présent ou au futur, ou à l'impératif, on met le second verbe au présent du subjonctif si l'on veut exprimer une chose présente ou future, et on le met au passé du subjonctif si l'on veut exprimer une chose passée: *Tu exiges, tu exigeras, tu auras exigé, exige qu'il vienne aujourd'hui ou qu'il soit venu hier.*

252. Quand le premier verbe est à l'un des passés an plus-que-parfait, ou à l'un des conditionnels, on emploie l'imparfait du subjonctif pour exprimer une action postérieure à l'instant de la parole, et le plus-que-parfait du subjonctif pour exprimer une action antérieure à l'instant de la parole: *Je*

voulais, je voulus, j'ai voulu, j'eus voulu, j'avais voulu, je voudrais, j'aurais voulu, j'eusse voulu que tu vinsses plus tôt, ou que tu fusses venu hier.

253. Après un participe présent, on emploie le présent ou l'imparfait du subjonctif selon que l'action énoncée par le participe est présente ou passée, exemple : *Souhaitant qu'il vienne, je l'invite ; Souhaitant qu'il ne vînt pas, je ne l'ai pas invité.* Dans le premier exemple, souhaitant signifie comme je souhaite, dans le second, comme je souhaitais.

254. Le conditionnel *on dirait*, employé pour *il semble*, veut son correspondant au subjonctif présent ou à l'indicatif : *On dirait que le ciel veuille nous envoyer un nouveau déluge. On dirait (ou ne dirait-on pas) qu'ils ont l'oreille du ministre ?*

255. *Je ne saurais*, autre conditionnel, veut son correspondant au subjonctif présent : *Il ne saurait souffrir qu'une phrase soit mal écrite.*

256. Quoique le verbe de la proposition principale soit au présent, on met le verbe de la proposition subordonnée à l'imparfait du subjonctif, lorsqu'on peut le tourner par un conditionnel ou par un imparfait de l'indicatif : *Je doute que tu eusses fait ce thème si l'on ne l'avait aidé.* (que tu aurais fait.) *Je ne pense pas que vous voulussiez acheter ce vieux cheval* (que vous voudriez.) *Scaron était plaisant, j'ai peine à croire qu'il fût gai* (qu'il était gai).

257. Quoique le verbe de la proposition principale soit au passé, on met le verbe de la proposition subordonnée au subjonctif présent, si l'on veut exprimer absolument un présent ou un futur : *Dieu a entouré les yeux de tuniques transparentes afin qu'on puisse voir à travers. Les Romains de ce siècle n'ont pas eu un seul poète qui vaille la peine d'être cité.*

258. De ces règles il résulte que les phrases suivantes sont également bonnes.

C'était une des plus belles fêtes qu'on pût voir (qu'on pouvait).	C'était une des plus belles fêtes qu'on puisse voir (qu'on peut voir).
Il n'a rien dit qui pût lui déplaire (qui pouvait).	Il n'a rien dit qui puisse lui déplaire (qui peut).
Y a-t-il un vice qui pût racheter une vertu (qui pourrait).	Y a-t-il un vice qui puisse racheter une vertu (qui peut).

Parce qu'on est riche, s'ensuit-il qu'on dût donner son bien ? (qu'on devrait).

Parce qu'on est riche, s'ensuit-il qu'on doive donner son bien ? (qu'on doit).

Certains philosophes ont nié qu'il existât du mal physique (qu'il existait).

Certains philosophes ont nié qu'il existe du mal physique (que cela soit).

Il est fort peu de cas où il ne fût mieux d'employer l'imparfait ou le plus-que-parfait du subjonctif après le passé indéfini (où il ne serait mieux).

Il est fort peu de cas où il ne soit mieux d'employer l'imparfait ou le plus-que-parfait du subjonctif après le passé indéfini (où il n'est mieux).

259. Quel que soit le temps du verbe de la proposition principale, on met le verbe de la proposition subordonnée au subjonctif présent lorsqu'on veut marquer l'action ou l'état d'une manière absolue : *Elle ne pourrait pas faire mon petit ménage, quoiqu'elle paraisse très-robuste ; Il m'a trahi, quoiqu'il soit mon ami.; Vous auriez trouvé mon vin agréable quoi qu'il ne vaille pas le vôtre.*

260. Quand on emploie un verbe au mode subjonctif sans relation avec un verbe précédemment exprimé, on le met au subjonctif présent, s'il marque un présent ou un futur : *Qu'il dise ou fasse ce qu'il voudra* ; et à l'imparfait du subjonctif s'il marque un passé : *Qu'il travaillât ou qu'il s'amusât, on ne lui disait rien.*

Mode Infinitif.

261. Il ne faut pas employer l'infinitif dans un sens louche ou équivoque. Ne dites pas : *Qu'ai-je fait pour venir troubler mon repos ?* dites : *pour que vous veniez.* — *C'est pour être utile à tes parens que je t'ai fait instruire ;* dites: *C'est pour que tu sois utile à tes parens,* etc.; ou *C'est parce que je veux être utile,* etc. — Trois ou quatre infinitifs employés de suite sont désagréables à l'oreille.

262. Le participe présent ne doit pas être construit d'une manière équivoque. Ne dites pas : *Le pluriel dans les noms se forme en ajoutant une s au singulier ;* dites : *On forme le pluriel dans les noms en ajoutant une s au singulier.*

Régimes des Verbes,

des Adjectifs et des Prépositions.

263. Les régimes se placent par ordre de longueur: *J'ai écrit hier une lettre à votre père pour lui mander votre situation.*

264. Quand les régimes sont d'égale longueur, on place d'abord le régime direct, puis le régime indirect, ensuite les autres, pourvu que cet arrangement ne nuise pas à la clarté de la phrase. Ne dites pas : *Ceux qui reprennent les personnes confiées à leurs soins avec emportement, manquent de charité ;* dites : *Ceux qui reprennent avec emportement les personnes confiées à leurs soins, manquent de charité.*

265. Il ne faut donner à un verbe qu'un régime qui lui convienne. Ne dites pas : *Cet officier attaqua et s'empara de la ville. Vous ne faites qu'entrer et sortir de la maison.* Dites : *Cet officier attaqua la ville et s'en empara. Vous ne faites qu'entrer dans la maison et en sortir.*

266. Les régimes de même espèce qui se suivent doivent être représentés par des mots de même espèce, et si ces régimes sont composés de membres de phrase, ces membres de phrase doivent se présenter de la même manière. Ne dites pas: *J'aime l'étude et à jouer ; Je crois vos enfants sages et qu'ils travaillent bien ;* dites : *j'aime l'étude et le jeu* ou *j'aime à étudier et à jouer ; Je crois que vos enfants sont sages et qu'ils travaillent bien.*

267. Un verbe ne doit pas avoir deux régimes indirects pour exprimer le même rapport ; Ne dites pas : *C'est à vous à qui je parle, il s'ensuit de ce que vous me dites : C'est du tyran dont je me plains : C'est là où je vais ;* dites : *C'est à vous que je parle : Il suit de ce que vous me dites : C'est du tyran que je me plains : C'est là que je vais.*

268. Cependant on dit bien : *Au moment où je parle. et, au moment que je parle : Dans le temps où j'étais heureux; et dans le temps que j'étais heureux.* Cette exception est fort restreinte.

269. De ce qu'on dit, nuire à quelqu'un, on dira : *Ils se nuisent les uns aux autres ;* de ce qu'on dit: *Médire de quelqu'un,* on dira: *Ils médisent les uns des autres.*

270. Les verbes passifs régissent par ou de; ils régissent par quand ils expriment une action à laquelle le corps et l'âme ont part ; et de quand ils expriment une opération de l'âme. *Les Gaules furent conquises par César ; il est aimé de ses concitoyens.*

Cette règle a un grand nombre d'exceptions que l'usage seul apprendra.

271. Quand plusieurs verbes veulent le même régime, on

ne l'exprime qu'une fois après le dernier : *Il prit, quitta, reprit la cuirasse et la haire.* (Voltaire.)

272. Si le régime était placé après le premier verbe : il faudrait employer un pronom pour le répéter avant les autres ; ne dites pas : *J'ai élevé mes enfans, instruits et placés ;* dites : *J'ai élevé mes enfans, je les ai instruits et placés.*

273. Si le régime est exprimé par un pronom, il faut le répéter avant chaque verbe : *Dieu que j'aime et que j'adore, sera toujours mon soutien.* Ce serait une faute de dire : *Dieu que j'aime et adore, sera toujours mon soutien.*

274. Lorsqu'un verbe en régit un autre à l'infinitif, le régime relatif au dernier peut se placer avant le premier : *Mon père, en me venant voir, m'apporta un livre, et je l'ai voulu lire.*

275. On fait ordinairement précéder de *les,* les verbes qui ont pour régime l'un et l'autre : *Je les connais l'un et l'autre.* — On dit encore d'après ce principe : *Je leur parlerai à l'un et à l'autre.*

276. Des adjectifs qui demandent des régimes différens, ne peuvent avoir un régime commun, ne dites pas : *Cet homme est utile et chéri de sa famille,* parce que *utile* régit *à* et *chéri* régit *de ;* mais on dira bien : *Cet homme est utile et cher à sa famille,* parce que *utile* et *cher* régissent *à.*

277. Il y a des adjectifs qui ne régissent rien, comme *aimable, certain, unique,* etc. ; on ne peut pas dire : *Cela m'est unique.* Il y en a qui régissent *à* et *de : Il est adroit des mains ; Il est adroit à faire des armes.*

278. Docile régit *à* et un nom de chose : *Docile à son maître,* serait une faute ; on doit dire : *Docile aux ordres de son maître.*

279. Quand deux prépositions demandent un régime différent, il faut, de toute nécessité, donner à chacune le régime qui lui convient ; ne dites pas : *Il a parlé contre ou en faveur de son ami ;* dites : *Il a parlé contre son ami ou en sa faveur.* Mais on dira bien : *Parler pour ou contre quelqu'un.*

Emploi des Adverbes.

280. Quand on oppose plus à plus, moins à moins, l'usage le plus ordinaire est de ne pas unir les deux membres de phrase par la conjonction *et*. *Plus on a lu, plus on a l'esprit meublé. Moins on a de raison, moins on écoute les avis.*

281. Les comparaisons peuvent avoir lieu entre des substantifs masculins et des substantifs féminins, et réciproquement: *L'âme des femmes coquettes n'est pas moins fardée que leur visage. Cette dame est plus vieille que son mari.*

282. Davantage, ne peut avoir de régime, par conséquent, on ne dit, ni davantage de, ni davantage que ; ne dites pas: *Il a davantage d'esprit que son frère* ; dites: *Il a plus d'esprit que son frère.*

283. Pire est l'opposé de meilleur, pis est l'opposé de mieux: *Le pire des états est l'état populaire. Rien n'est pis qu'une mauvaise langue.*

284. Cependant on peut employer *pis* aussi bien que *pire* avec un mot vague, comme rien, quelque chose; etc. *Pire et pis,* s'emploient substantivement: *Souvent qui choisit prend le pire ; Avoir du pire dans ses affaires ; Le pis aller ; De mal en pis.*

285. Dessus, dessous, dedans, dehors, n'ont de régime que quand ils sont placés par opposition ; on ne dira pas : *Dessus la table ; Dedans la maison ; Dehors du château ;* mais on dit : *Il y a des animaux dessus et dessous la terre ; Il y a du monde dedans et dehors la maison.*

286. *De suite, tout de suite. De suite* signifie successivement, l'un après l'autre. *tout de suite* signifie aussitôt, sur-le-champ: *Il a marché dix jours de suite ; Venez chez-moi tout de suite.*

287. *Coup-sur-coup, tout-d'un-coup, tout-à-coup; Coup-sur-coup* se dit de ce qui se fait sans interruption: *Ils sont arrivés coup-sur-coup ; Tout-d'un-coup,* de ce qui se fait en même temps: *Ils sont partis tout-d'un-coup ; Tout-à-coup,* de ce qui se fait soudainement: *Ils ont disparu tout-à-coup.*

288. *Non-seulement* doit précéder la partie de la phrase mise en rapport avec celle qui suit *mais encore : Cet enfant

travaille non-seulement le jour , mais encore la nuit. Ne dites pas : *Non-seulement il est sage , mais encore studieux;* dites : *Il est non-seulement sage , mais encore studieux.*

289. Un adverbe dérivant d'un adjectif régit les mots de la même manière que l'adjectif dont il dérive ; de ce qu'on dit *différent d'un autre,* on dira : *Les rois agissent diffé-remment des particuliers.*

290. *Aussitôt* ne peut avoir de régime ; on ne dit pas : *Aussitôt dîner , aussitôt souper;* il faut dire : *Aussitôt a-près le dîner , aussitôt après le souper.*

291. Lorsque *ni* est répété on supprime *pas* et *point.* On ne dit pas : *Pierre n'est pas ni si bon , ni si prévenant que Louis;* on dit : *Pierre n'est ni si bon , ni si prévenant que Louis.*

292. *Pas et point ,* ne se construisent pas avec un pronom indéfini , ni avec les mots *jamais, guère, aucun ,* etc. Il ne faut pas dire : *Il n'est pas personne; Je ne veux pas rien; Il n'a pas guère d'esprit;* il faut : *Il n'est personne; Je ne veux rien ; Il n'a guère d'esprit ,* etc.

293. Quand *ne* est suivi de *que ,* on supprime *pas* et *point. Il ne fait que rire ; Il ne tient qu'à vous. Seulement* ne se construit pas avec *que ne ,* on ne dit pas : *Seulement il n'a qu'à se montrer;* on dit : *Il n'a qu'à se montrer.*

294. *Rien de moins , rien moins.* La première de ces deux locutions offre un sens affirmatif, la deuxième présente un sens négatif : *Cet homme n'est rien de moins qu'un fripon.* (est un fripon); *n'est rien moins qu'un fripon.* n'est pas du tout fripon).

295. *J'ai très-faim, très-soif, très-peur, vous avez très-raison.* Dans ces sortes de phrases il faut employer *bien* au lieu de *très.* Certains grammairiens pensent qu'il est bien de dire : *J'ai très-froid, très-chaud.*

296. Après les verbes *craindre , appréhender , avoir peur, trembler* employés dans une proposition affirmative, la proposition subjonctive suivante prend la négation *ne : je crains qu'un songe ne m'abuse ; j'appréhende qu'il n'apprenne cette nouvelle ; il tremble que je ne le dévoile.* Dans les exemples ci-après et leurs analogues , il faudrait ajouter *pas* ou *point* si on voulait l'accomplissement de la chose énoncée : *je crains ou j'appréhende que le maître ne vienne pas.* Si ces verbes sont employés négativement, la proposition subjonctive rejette la négation *ne. Ne crains*

pas que je dissipe ton bien. Je n'ai pas peur qu'il vienne.
Si l'on voulait marquer qu'il y a certitude de la chose énoncée
par le second verbe, il faudrait employer *ne pas* : *je n'ai*
pas peur qu'il ne vienne pas.

297. Quand le verbe *craindre* est employé interrogativement, on emploie ou l'on omet la négation : *craignez-vous*
que je dise ou que je ne dise votre manière de vivre.

298. Les verbes *douter, contester, nier, disconvenir,*
désespérer employés négativement exigent l'emploi de la
négation dans la proposition subordonnée : *je ne doute pas*
que vous n'alliez à la messe ; mais employés affirmative-
ment, ils rejettent après eux la négation : *je nie qu'il soit*
venu. Employés interrogativement on omet ou l'on emploie
la négation.

299. Après les verbes *prendre garde, empêcher, tenir,*
dans le sens de prendre, on fait usage de la négation dans
les propositions subordonnées , soit que les phrases soient
affirmatives , négatives ou interrogatives.

300. *Il y a long-temps que je l'ai vu ; il y a long-temps*
que je ne l'ai vu ; ces deux phrases sont bonnes, mais elles
ont une signification différente.

301. Avec *savoir* on peut supprimer *pas* ou *point* quand
ce verbe ne serait pas suivi d'une expression négative: *vien-*
dra-t-il ? je ne sais.

302. Les conjonctions *à moins que, de peur que, de*
crainte que, ainsi que, veulent toujours après elles la négation *ne.* Les mots *autre , autrement, plutôt* veulent
également la négation après eux.

303. *Il n'est pas plus sage qu'il était autrefois. Il est*
plus sage qu'il n'était autrefois ; dans ces sortes de comparatifs , quand *ne* n'est pas dans le premier membre de la
phrase , il est dans le second, et réciproquement.

304. Après *avantque* on emploie ou l'on omet la négation.
Quelques grammairiens pensent que c'est une élégance de
l'employer dans la proposition subordonnée, si elle exprime
quelque chose d'incertain , de douteux.

Emploi des Prépositions.

305. Les prépositions *à , de , en ,* se répètent avant
chaque régime : *s'occuper à lire, à pêcher et à faire des*

vers. Il voyage en France et en Italie (1). Les autres prépositions d'une seule syllabe se répètent seulement devant les mots qui ne sont pas synonimes : *dans la jeunesse et dans la vieillesse ; par son intrépidité et son courage.* Pour ce qui est des prépositions de plusieurs syllabes, c'est l'oreille qui sert de guide.

3o6. *Notre loi ne juge personne sans l'avoir entendu et examiné ; notre loi ne juge personne sans l'avoir entendu et sans avoir examiné ses actions.* On ne répète pas la préposition *sans* dans la première phrase, parce que les deux verbes ont le même régime, et on la répète dans la seconde, parce qu'ils ont un régime différent.

307. Il ne faut pas répéter une préposition avec des rapports différens. Ne dites pas : *il vit avec cordialité avec les hommes ; tu as plaidé contre ton père contre mon opinion ;* dites : *il vit cordialement avec les hommes ; tu as plaidé contre ton père malgré mon opinion.*

3o8. *En ; dans. Dans* marque un sens précis et déterminé : *la politesse règne plus dans la capitale que dans les provinces. En* marque un sens vague et indéterminé : *il est en pension, en prison, en province.* Cependant on dit bien : *ceci peut se faire en un jour ; en ce siècle, un bon mot est un fort argument.*

3o9. *Il arrivera en trois jours, il arrivera dans trois jours ;* la première phrase signifie qu'il mettra trois jours à faire le chemin ; la seconde signifie qu'il arrivera au bout de trois jours.

31o. *Auprès de* et *près de* expriment l'un et l'autre une idée de proximité, soit au propre soit au figuré. *Auprès de* exprime un voisinage plus rapproché que *près de.* Dans le discours familier on peut supprimer *de* dans *près de* employé au propre, on dit : *près l'église, près la halle.*

511. *Il était levé avant le jour. Marcher devant moi. Avant* marque un rapport de temps, *devant* marque un rapport de lieu.

312. Il est un grand nombre de cas où l'on peut employer indifféremment *entre* ou *parmi. La haine parmi* ou *entre les coquettes se calme rarement. — Parmi* ne s'emploie qu'avec un pluriel indéfini, qui signifie plus de deux ou trois, ou avec un singulier collectif.

---

(1) Etre en bonne ou mauvaise compagnie serait une faute, il faut dire : être en bonne ou en mauvaise compagnie.

313. *Durant, pendant.* On emploie *durant*, pour marquer une durée continue, et *pendant* pour marquer une durée susceptible d'interruption. *Durant* s'emploie indifféremment avant ou après le nom : dix ans *durant, durant* dix ans.

314. *Durant que, malgré que, à cause que, devant que* sont surannés, on les remplace par *pendant que, quoique, parce que, avant que.*

315. *Au travers* régit *de* : au travers des périls. *A travers* régit un nom sans préposition : *à travers la ville ; à travers les champs ;* on dit aussi *à travers champs.*

316. *Vis-à-vis* employé pour *envers, à l'égard,* n'a pas été consacré par l'Académie dans son nouveau dictionnaire. Ainsi, *vis-à-vis de moi, vis-à-vis de ses parens,* est une faute.

317. *Le voilà qui arrive, voici qu'il vient, voici venir Rachelle,* sont des expressions consacrées par l'Académie ; elle a également consacré les expressions : *voilà qui, voici que ; voilà qu'on sonne, voilà qui va bien, voici qui est bien.*

318. On emploie *à* entre deux nombres lorsque la différence est divisible : *j'irai vous voir de sept à huit heures ; quarante à cinquante personnes.* On emploie *ou* si la différence n'est pas susceptible de division : *il y avait sept ou huit personnes.*

319. *Servir à rien, servir de rien. Servir à rien* marque une nullité momentanée de service : *l'argent que voici ne me sert à rien. Servir de rien* marque une nullité absolue : *l'argent ne sert de rien pour l'autre monde.*

320. *Sus* et *sur* signifient la même chose ; mais *sus* ne s'emploie qu'avec le verbe *courir: courir sus aux fripons. En sus* signifie *au-delà.*

321. On dit également *renommé par* et *renommé pour. Renommé par* se dit quand la cause de renom est constante : *Plombières est renommé par ses eaux minérales. Renommé pour* se dit quand le renom ne tient qu'à quelques considérations, qu'à quelques particularités : *Reims est renommé pour le pain-d'épice.*

322. *C'est à vous à* éveille une idée de tour : *je viens de jouer, c'est à vous à jouer. C'est à vous de* éveille une idée de droit, de devoir : *c'est à vous d'obéir et c'est à moi de commander.*

323. On dit *monsieur est à la ville* pour indiquer qu'il n'est pas à la campagne , et *monsieur est en ville* pour indiquer qu'il n'est pas chez lui.

324. *J'aime mieux n'être plus que de vivre avec lui ; il aime mieux s'amuser que s'instruire.* Ces deux manières de s'exprimer sont bonnes , mais la première est généralement préférée.

325. *Au reste , du reste* , locutions qui signifient *au surplus , d'ailleurs , cependant , malgré cela : au reste* je vous dirai que.... il est capricieux , *du reste* il est honnête homme. (Académie.)

Emploi des Conjonctions.

326. Les conjonctions *et, ni,* ne peuvent lier que des mots de même espèce ; c'est-à-dire des substantifs avec des substantifs , des adjectifs avec des adjectifs , des verbes avec des verbes , etc.

327. *Et* lie les mots dans les phrases positives : *j'ai vu ton frère et la sœur ; ni* les lie dans les phrases négatives : *je n'ai vu ni ton frère ni la sœur.*

328. *Il ne cultive pas les lettres ni les sciences ; il ne cultive ni les lettres ni les sciences ;* ces deux constructions sont bonnes, mais la dernière est regardée comme plus élégante.

329. *Sans lois et sans gouvernement , sans lois ni gouvernement ;* la première de ces deux constructions est plus en usage.

330. *L'harmonie ne frappe pas simplement l'oreille , mais elle frappe encore l'esprit.* — *L'harmonie ne frappe pas simplement l'oreille , mais encore l'esprit.* Ces deux constructions sont également bonnes.

331. *Soit raison , soit indifférence , il ne parut pas ; soit raison ou indifférence il ne parut pas.* Ces deux constructions sont également employés par l'Académie.

332. On dit également : *c'est un devoir que d'obliger ses amis , et, c'est un devoir d'obliger ses amis.* De même on dit : *avant que de partir et avant de partir.*

333. *Si je travaille il travaille aussi , si je ne fais rien

il ne fait rien non plus. On se sert de *aussi* dans les phrases affirmatives et de *non plus* dans les phrases négatives.

334. *Que* ne doit jamais précéder immédiatement l'adjectif *possible.* Ne dites pas : *je le ferai aussitôt que possible ; il en a autant que possible ;* dites : *je le ferai aussitôt qu'il me sera possible ; il en a autant qu'il est possible.*

335. *Que* ne doit jamais être remplacé par *comme de.* Ne dites pas : *rien n'est plus agréable comme de vous voir ;* dites : *que de vous voir.*

336. La conjonction *que* sert aussi : 1°. à éviter la répétition des conjonctions *quand, si : quand on est jeune et qu'on est courageux, on s'en retire toujours avec honneur ; si vous demandez votre congé et que vous l'obteniez ; si vous l'eussiez voulu et que vous eussiez pu.*

337. 2°. A remplacer les conjonctions *à moins que, avant que, dès que, aussitôt que, quoique, sans que, de ce que :* les rois ne doivent jamais faire la guerre, *qu'elle ne soit juste et inévitable ; que* est ici pour *à moins que.*

338. *Que* employé pour *combien,* rejette les modificatifs *bien, très-fort.* Ne dites pas : *ah ! que vous êtes très-belle ! que vous êtes fort riche !* dites : *que vous êtes belle ! que vous êtes riche !*

REMARQUES
sur certains Verbes.

---

339. *Aider* régit un nom de personne avec ou sans préposition : *il a aidé ses parens, la méthode aide la mémoire ; aidez à cet enfant à charger son ballot, aider au succès d'une entreprise.* (Acad.)

340. Quand *aider* régit un nom de personne, il n'admet la préposition *à* que lorsqu'on veut marquer un secours momentané qui n'exige que des efforts physiques : *aidez-lui à nager.*

341. Bien qu'on dise : *aidez à cet enfant à charger son ballot, aidez-lui à nager,* il est également bien de dire : *aidez-le à charger son ballot, aidez-le à nager.* (Acad.)

342. *Anoblir*, *ennoblir*. *Anoblir* c'est donner des lettres de noblesse: *le roi seul peut anoblir*. (Acad.) *Ennoblir*, c'est rendre éclatant, illustre: *les beaux-arts ennoblissent une langue.* (Acad.)

343. *Aller.* Ne dites pas : *je fus* pour *j'allai ;* s'il y a retour, on dira: *il a été ;* s'il n'y a pas retour, on dira : *il est allé.* — Dans *s'en aller* aux temps composés, *en* précède toujours le verbe être: *il s'en est allé*, et non pas: *il s'est en allé.* — Il ne faut pas dire : *il s'en va parler*, *tu t'en vas lire ;* il faut: *il va partir, tu vas lire ;* on n'emploie *s'en aller* que quand on veut marquer l'action de quitter un lieu pour se transporter dans un autre.

344. *Assurer à quelqu'un*, *assurer quelqu'un.* *Je lui ai assuré ce fait*, *j'ai assuré à votre père que vous êtes heureux ;* *assurez vos parens de mon estime ;* *vous pouvez l'assurer que je prendrai ses intérêts.* En général *assurer* régit les noms de personne avec la préposition *à*, excepté le cas où il signifie témoigner. (Acad.)

345. *Atteindre.* On dit indifféremment : *atteindre le but, atteindre au but, atteindre la perfection, atteindre à la perfection.* (Acad.)

346. Ne dites pas : *je vais baigner, je vais coucher, nous allons promener ;* dans ce sens, ces verbes sont réfléchis, il faut : *je vais me baigner, je vais me coucher, nous allons nous promener.*

347. *Eclairer.* On dit: *éclairer quelqu'un*, au propre comme au figuré. *Eclairer à quelqu'un* est une expression surannée. (Académie.)

348. *Emprunter.* Quand *emprunter* a pour régime indirect un nom de personne, il admet les deux prépositions *à* et *de : j'emprunterai cette somme à un de mes amis ; j'ai emprunté de mon oncle dix mille francs ;* s'il a pour régime un nom de chose il ne veut que la préposition *de : la lune emprunte sa lumière du soleil.*

349. On ne dit pas : *demander excuse ;* on dit : *faire excuse, faire des excuses ;* on dit aussi : *demander pardon.*

350. Raillerie. *Entendre raillerie,* c'est supporter la raillerie sans se fâcher ; *entendre la raillerie*, c'est savoir railler, avoir le talent de railler.

351. *Envier.* On dit : *il envie mon bonheur , il m'envie ;*

les gens en place sont ordinairement enviés. — A l'actif, il se dit plus souvent des choses que des personnes. — Pour les personnes, on dit communément, porter envie : *il porte envie à son frère.*

352. *Éviter.* Il ne faut pas employer *éviter* pour épargner: dites : *je vous épargnerai cette peine*, et non pas : *je vous éviterai cette peine.*

353. *Fixer.* Il ne faut pas employer *fixer* pour regarder. Ne dites pas : *j'ai fixé cette personne*, pour dire, je l'ai regardée ; mais on dira bien : *j'ai fixé mes regards sur cette personne.* — Fixer signifie arrêter, rendre fixe.

354. *Ne faire que* régissant un verbe à l'infinitif, marque une action fréquemment répétée : *cet enfant ne fait que sortir*, sort à tout instant. — *Ne faire que de* marque une action qui vient d'avoir lieu : *il ne fait que de sortir*, il est sorti il n'y a qu'un instant.

355. *Il s'en faut de beaucoup*, marque qu'une quantité n'existe pas à beaucoup près : *il s'en faut de beaucoup que j'aie cent francs.* — *Il s'en faut beaucoup*, marque une grande différence entre deux personnes ou deux choses : *il s'en faut beaucoup que le cadet soit aussi sage que l'aîné.*

356. *Imiter.* On dit également *imiter l'exemple*, suivre l'exemple de quelqu'un. (Acad.)

357. *Imposer* signifie imprimer du respect, de la crainte ; *en imposer* renferme une idée de mensonge, de duplicité : *cet homme vous en impose*, vous trompe.

358. *Infester, infecter.* Il ne faut pas confondre *infester* qui signifie piller, ravager, et au figuré, incommoder, tourmenter, avec *infecter* qui signifie répandre, exhaler une mauvaise odeur, propager la contagion : *les pirates infestent ces côtes ; les Cosaques ont infesté et infecté plusieurs villes de France ; cet auteur a infecté la nation de sa doctrine pernicieuse.*

359. *Imaginer, s'imaginer.* Imaginer c'est créer: inventer, *imaginer une fable*, un conte. S'imaginer signifie croire, se persuader : *il s'imagina qu'on l'adorait.* — *Imaginer* ne peut être suivi d'un *que* ni d'un infinitif ; on ne doit pas dire : *j'imagine que cela est, il imagine être un grand homme* ; il faut : *je m'imagine que cela est, il s'imagine être un grand homme.*

360. *Insulter quelqu'un, insulter à quelqu'un.* Le pre-

mier signifie faire insulte, injurier : *insulter quelqu'un de paroles.* Le second signifie manquer aux égards que réclament sa faiblesse, sa misère, ses malheurs : *c'est insulter aux malheureux que de leur faire remarquer leur état pour jouir de leur confusion.*

361. *Jouir* ne se dit que des choses agréables, avantageuses. On ne dit pas : *jouir d'une mauvaise santé ;* on dit : *avoir une mauvaise santé.*

362. *Mêler à, mêler avec. Mêler à,* c'est joindre, unir : *mêler la douceur à la sévérité. Mêler avec,* c'est brouiller ensemble plusieurs choses : *mêler de l'eau avec du vin.* — On dit aussi *mêler dans : mêler du cuivre dans de l'argent ; mêler quelqu'un dans une accusation ; cet auteur a mêlé l'agréable et l'utile dans ses ouvrages.*

363. *Observer,* c'est remarquer, examiner. Ne dites pas : *je vous observe, monsieur, que....* Dites : *je vous prie d'observer, je vous fais observer, je vous ai fait observer.*

364. Ne dites pas ; *la critique est obligée d'être indulgente. Etre obligé* ne s'emploie pas dans ce sens avec un nom de chose.

365. *Oublier à, oublier de.* On dit *oublier à* quand il s'agit d'un manque d'usage, d'habitude. *On oublie à danser,* en ne dansant pas. On dit *oublier de,* quand il s'agit d'un manque de mémoire : *j'ai oublié d'aller à Rouen.*

366. *Pardonner.* Ce verbe régit la chose directement, et la personne avec la préposition *à : pardonner les offenses, pardonner à quelqu'un.* — Cependant on dit ; *pardonnez à ma franchise, à mon amitié.* — *Vous êtes tout pardonné,* répond-on quelquefois à une personne qui s'excuse ; c'est le seul cas où *pardonner* s'applique aux personnes.

367. *Parler mal,* et *mal parler de quelqu'un.* L'académie, dans la nouvelle édition de son dictionnaire, n'a pas consacré la distinction qu'ont faite les grammairiens modernes de ces deux constructions ; elle les admet également comme bonnes toutes les deux.

368. *Prier de dîner, prier à dîner. Prier de dîner,* c'est faire une invitation fortuite, accidentelle, sans cérémonie ; *prier à dîner,* c'est faire une invitation préméditée.

369. *Saigner du nez, saigner au nez ; Saigner du nez,* c'est saigner de l'intérieur du nez, c'est perdre le sang par les narines. *Saigner au nez,* c'est saigner par une plaie

faite au nez ; c'est dans ce sens qu'on dit : *saigner à la main.*
Au figuré, *saigner du nez*, signifie manquer de courage
dans quelque chose qu'on avait promis de faire.

370. *Apprendre*, outre diverses acceptions, signifie
aussi *enseigner : le maître qui lui a appris le dessin ; il m'a
appris le peu que je sache de français.* (Acad.)

371. *Suppléer.* Si ce verbe régit un nom de chose, il le
régit sans préposition si l'on veut indiquer qu'une chose de
même espèce et de même valeur en remplace une autre, et
avec la préposition *à* s'il n'y a ni même valeur ni même espèce. *Suppléer* régissant un nom de personne, le veut
sans préposition.

De la Ponctuation.

La ponctuation est l'art d'indiquer par des signes le sens
de certaines propositions, les pauses plus ou moins longues
que l'on doit faire en parlant ou en écrivant.

Les signes de la ponctuation sont : la virgule (,) le point-
virgule (;) les deux points (:) le point (.) le point interrogatif (?) le point exclamatif (!)

La virgule indique une très-petite pause, elle se place :

1°. Après les noms, les adjectifs, les verbes et les adverbes qui se suivent : *femme, moine, vieillard, tout était
descendu. Mes petits sont jolis, beaux, mignons, bien faits.
L'attelage suait, soufflait, était rendu. Boire, manger,
dormir, se promener, fait son unique occupation. Si vous
voulez devenir savant, étudiez constamment, méthodique-
-ment, avec application.*

Mais si ces mêmes mots étaient unis par l'une des conjonctions *ou, ni, et,* la virgule deviendrait inutile : *un bon
ami conseille et soulage ; il ne veut ni l'un ni l'autre.*

On en excepte le cas où la conjonction se trouve répétée
plusieurs fois de suite : *et le riche, et le pauvre, et le faible
et le fort ont tous également des douleurs à la mort.*

Il en est de même quand les parties unies entr'elles sont
trop longues et ne peuvent se lire sans interruption : *l'étude
rend savant, et la réflexion rend sage.*

2°. La virgule se place encore après et avant une proposition incidente explicative : *l'orgueil, qui est une maladie
de l'âme, rend bien des hommes malheureux.* Mais on ne

met une virgule qu'après la proposition incidente, quand elle est déterminative, *la gloire qui vient de la vertu, a un éclat immortel.*

3°. Avant et après un nom mis en apostrophe : *Je vous ai vu, mon ami; Je vous ai même parlé.*

4°. A la place d'un mot ellypsé : *de la paix vient la sécurité, de la sécurité, le bonheur.*

5°. Quand il y a inversion de complément : *de tous les plaisirs, le plus délicieux est celui d'une bonne action.*

6°. Après les interjections et les mots *d'abord, autrefois, ensuite, au contraire, en outre, au reste, de plus,* et autres analogues.

Hé quoi, Mathan! d'un prêtre est-ce là le langage ?

Mon enfant, souviens-toi de cet homme vertueux, autrefois, il était ton précepteur, aujourd'hui, il est ton plus sincère ami.

7°. Toute conjonction séparée du verbe qu'elle lie, par plusieurs mots formant un sens pour ainsi dire indépendant, se place entre deux virgules : *je vous le paierai, ou, si vous voulez, je vous le rendrai. Nul n'est content de sa mémoire, ni mécontent de son esprit. Il faut être jeune en sa vieillesse, et vieux en sa jeunesse.* En général on sépare par deux virgules les mots ou les groupes de mots qu'on peut supprimer sans altérer le sens de la phrase : *il faut, autant qu'on peut, obliger tout le monde. Quand on bâtit, on doit chercher, avant tout, la commodité. Autant qu'on peut, et avant tout* peuvent se supprimer.

Le point-virgule marque une pause plus longue et se place entre plusieurs propositions principales relatives : *les philosophes anciens croyaient que la terre était immobile; qu'elle était placée au centre de l'univers; que le soleil, la lune et les étoiles avaient été créés pour l'homme.*

Quand il y a une conjonction on met une virgule à la place du point-virgule.

Le point-virgule se met encore entre deux propositions énonçant des comparaisons opposées l'une à l'autre : *le titre de conquérant n'est gravé que sur le marbre; mais le titre de père du peuple, est gravé dans les cœurs.*

Les deux points marquent encore une pause plus longue; on les emploie : 1°. Après une proposition qui annonce un développement, une citation : *le renard s'en saisit et dit : mon bon monsieur, apprenez..... Ne cherchez pas le bonheur sur la terre: il n'en est pas ici-bas. Travaillez, prenez de la peine : c'est le fonds qui manque le moins.*

2°. Avant ou après une proposition générale , selon que les détails la suivent ou la précèdent : *vivre et mourir avec honneur : voilà ma devise. Va , mon cœur ne se reproche rien : je dois bénir mon sort et pleurer sur le tien. J'égalerai pour lui votre intrépide zèle : bon français, meilleur frère, ami, sujet fidèle : es-tu content, Coucy ?* (Volt.)

. Le point marque une très-longue pause, il se place après un sens entièrement fini : *ne vous repentez point d'un amour légitime; mais sachez le régler : tout excès mène au crime. Promettez-moi, du moins, de ne rien décider avant de m'accorder un second entretien.* (C'est l'alinéa qui marque la plus grande des pauses.)

Le point exclamatif qu'on appelle aussi point d'exclamation , se place après les interjections, les mots ou les phrases qui expriment l'admiration , la terreur, la surprise , etc., etc. : *mon frère! ah ciel! avec tranquillité permettre le parricide!....*

Le point interrogatif qu'on appelle aussi point d'interrogation , s'emploie quand on interroge, soit que l'interrogation existe dans la forme de la phrase . comme : *êtes-vous content, mon frère ? que faites-vous? où allez-vous?* soit qu'elle n'existe que dans la pensée : comme dans ces exemples : *vous ne me dites rien? tu ne me réponds pas ?*

Le point de suspension s'emploie :

1°. Pour marquer une pause oratoire nécessaire entre deux idées : *vous me demandez sa vie..... ah! qu'est-ce que j'entends.*

2°. Après un sens brusquement interrompu : *vous m'aviez promis.... madame , il n'est plus temps.*

Le guillemet s'emploie quand on cite les paroles de quelqu'un , on en met toujours au commencement et à la fin de chaque citation , et même au commencement de chaque ligne : « *je me croirai heureux, disait un bon roi, quand* « *je ferai le bonheur de mes sujets.* »

Le point d'interlocution (—) sert à marquer le changement d'interlocuteur. *Dites-moi : n'y suis-je pas encore ? — Nenni. — M'y voici donc ? — Point du tout. — M'y voilà ? — Vous n'en approchez point.* (Lafontaine.)

FIN.

QUESTIONNAIRE.

SUR L'INTRODUCTION.

1. Qu'est-ce que la grammaire ?
2. Qu'appelle-t-on mots ?
3. Combien l'alphabet a-t-il de lettres ?
4. Combien y a-t-il de sortes de lettres ?
5. Combien y a-t-il de voyelles, et pourquoi les appelle-t-on ainsi ?
6. Combien y a-t-il de consonnes, et pourquoi les appelle-t-on ainsi ?
7. Combien y a-t-il de sortes de voyelles ?
8. Qu'appelle-t-on voyelles longues ?
9. Qu'appelle-t-on voyelles brèves ?
10. Combien y a-t-il de sortes d'*e* ?
11. Quand est-ce que la lettre *h* est muette ? — Quand est-elle aspirée ?
12. Quel est le rôle de *y* ?
13. Combien y a-t-il d'accens ?
14. Qu'est-ce que l'apostrophe ?
15. Qu'est-ce que le tréma ?
16. Qu'est-ce que la cédille ?
17. Qu'est-ce que le trait d'union ?
18. Qu'est-ce que la parenthèse ?
19. Qu'est-ce qu'une syllabe ?
20. Qu'appelle-t-on homonymes ?
21. Qu'appelle-t-on synonymes ?
22. Combien y a-t-il d'espèces de mots en français ?

Sur le Nom.

23. Qu'est-ce que le nom ?

24. Combien y a-t-il de sortes de noms ?

25. Qu'est-ce que le nom commun ?

26. Qu'est-ce que le nom propre ?

27. Qu'est-ce que le nom collectif ?

28. Qu'est-ce que le nom composé ?

29. Qu'est-ce qu'un collectif général ?

30. Qu'est-ce qu'un collectif partitif ?

31. Qu'est-ce que le genre ?

32. Combien y a-t-il de genres ?

33. Qu'est-ce que le nombre ?

34. Combien y a-t-il de nombres ?

35. Comment forme-t-on le pluriel dans les noms ?

36. Comment forme-t-on le pluriel des noms terminés par *au eu* ?

37. Comment forme-t-on le pluriel des noms terminés par *al* ?

38. Comment forme-t-on le pluriel des noms qui viennent des langues étrangères ?

39. Comment forme-t-on le pluriel des noms en *ou* ?

40. Comment forme-t-on le pluriel des noms en *ail* ?

41. Combien y a-t-il de noms qui ont deux pluriels ?

42. N'y a-t-il pas des noms qui n'ont pas de singulier ?

43. N'y a-t-il pas des noms qui n'ont pas de pluriel ?

44. Quelle est la règle à suivre pour reconnaître le nombre dans les noms, lorsqu'il n'y a pas d'article ou d'autre signe pour l'indiquer ?

45. Que remarque-t-on sur le nombre de *toute sorte* ?

46. Quand les noms propres prennent-ils la marque du pluriel ?

47. Que remarque-t-on sur les noms propres ?

48. Quels sont les mots qui peuvent varier dans les noms composés ?

49. Quelle est la règle des noms composés ?

Sur l'Article et l'Adjectif.

50. Qu'est-ce que l'article ?

51. Quels sont les mots qu'on appelle articles ?

51 *bis*. Que doit-on remarquer sur l'article ?

52. Qu'est-ce que l'adjectif ?

53. Comment forme-t-on le féminin dans les adjectifs ?

54. Comment forme-t-on le féminin dans les adjectifs en *et* ?

55. Comment forme-t-on le féminin dans les adjectifs en *el, eil, en, ul* ?

56. Comment forme-t-on le féminin dans les adjectifs en *on, en* ?

57. Que doit-on remarquer sur les adjectifs *beau, nouveau, fou, mou, vieux* ?

58. Comment forme-t-on le féminin des adjectifs terminés par *c* ?

59. Comment font *coi* et *tiers* au féminin ?

60. Comment forme-t-on le féminin des adjectifs en *érieur* ?

61. Comment forme-t-on le féminin des noms qualificatifs en *eur* ?

62. Comment forme-t-on le pluriel dans les adjectifs ?

63. Comment forme-t-on le pluriel des adjectifs *fou, mou, hébreu* ?

64. Comment forme-t-on le féminin des adjectifs en *al* ?

65. Combien compte-t-on de degrés de qualification ?

66. N'avons-nous pas des adjectifs qui expriment seuls des comparatifs ?

67. Qu'est-ce que le superlatif ?

68. Combien y a-t-il de sortes de superlatifs ?

69. Qu'appelle-t-on adjectifs verbaux ?

70. Qu'appelle-t-on adjectifs possessifs ?

71. Qu'appelle-t-on adjectifs démonstratifs ?

72. Qu'appelle-t-on adjectifs numéraux ?

73. Quelle est la règle générale d'accord entre les adjectifs et les noms ?

74. Quel est l'accord de l'adjectif se rapportant à deux noms singuliers ?

75. Quel est l'accord de l'adjectif se rapportant à deux nombres de différens genres ?

76. Quelle règle suit l'adjectif placé immédiatement après plusieurs noms de différens genres ?

77. Quelle règle suit l'adjectif placé après plusieurs noms liés par *ou* ?

78. Quelle règle suit l'adjectif placé après plusieurs noms liés par *comme, de même que, ainsi que*, etc. ?

79. Quelle règle suit l'adjectif placé après plusieurs noms liés par *de* ?

80. Quelle règle suit l'adjectif placé après plusieurs noms synonymes ?

81. Quelle règle suivent les noms de choses matérielles employés comme adjectifs ?

82. Quelle règle suivent les adjectifs *ci-joint, ci-inclus, y compris, excepté, supposé, vu* ?

83. Que remarque-t-on sur l'adjectif *nu* ?

84. Que remarque-t-on sur l'adjectif *demi* ?

85. Que remarque-t-on sur les adjectifs *nul et aucun* ?

86. Que remarque-t-on sur l'adjectif *feu* ?

87. Que remarque-t-on sur l'adjectif qui précède immédiatement le mot genre ?

88. Quelles règles suit *quelque* ?

89. Quelles règles suit *tout* ?

90. Quelles règles suit *même* ?

91. Quelle est la règle de l'adjectif que suit l'expression *avoir l'air* ?

92. Quelles règles suivent les adjectifs *vingt* et *cent* ?

93. De combien de manières écrit-on *mille* ?

Sur le Pronom.

94. Qu'est-ce que le pronom ?

95. Combien y a-t-il de sortes de pronoms ?

96. Qu'appelle-t-on pronoms personnels ?

97. Quels sont les pronoms de la 1re personne. — De la 2e.
    — De la 3e.

98. Qu'appelle-t-on pronoms réfléchis ?

99. Qu'appelle-t-on pronoms relatifs ?

100. Qu'appelle-t-on pronoms démonstratifs ?

101. Que doit-on remarquer sur *ce* ?

102. Qu'appelle-t-on pronoms possesssifs ?

103. Comment distingue-t-on *ces* de *ses* ?

104. Qu'appelle-t-on pronoms interrogatifs ?

105. Qu'appelle-t-on pronoms indéfinis ?

106. Quelles règles suivent les pronoms ?

107. Quelles règles suivent les pronoms relatifs terminés en *el* ?

108. Quelle règle suit un pronom relatif placé immédiatement
    après plusieurs noms synonymes où unis par *ou* ?

109. Quelle règle suit l'adjectif se rapportant à *on* ou à *quiconque* ?

Sur le Verbe.

110. Qu'est-ce que le verbe ?

111. A quoi reconnaît-on qu'un mot est un verbe ?

112. Qu'appelle-t-on sujet d'un verbe ?

113. Qu'appelle-t-on régime direct d'un verbe ?

114. Qu'appelle-t-on régime indirect d'un verbe ?

115. Qu'appelle-t-on nombre dans un verbe ?

116. Qu'appelle-t-on personne dans un verbe ?

117. Qu'appelle-t-on modes dans un verbe ?

118. Combien y a-t-il de modes ?

119. Qu'appelle-t-on temps dans un verbe ?

120. Combien y a-t-il de temps principaux ?

121. Qu'est-ce que conjuguer un verbe ?

122. Combien y a-t-il de conjugaisons, et comment les dis-
    tingue-t-on ?

123. Comment est terminée la 1re conjugaison, la 2e., la 3e. ?

124. Combien y a-t-il de sortes de verbes ?

125. Qu'appelle-t-on verbe auxiliaire ?

126. Qu'appelle-t-on verbe actif ?

127. Qu'appelle-t-on verbe passif ?

128. Qu'appelle-t-on verbe neutre ?

129. Qu'appelle-t-on verbe réfléchi ?

130. Qu'appelle-t-on verbe unipersonnel ?

131. A quoi reconnaît-on qu'un verbe est unipersonnel ?

132. Que doit-on remarquer sur les verbes en ger ?

133. Que doit-on remarquer sur les verbes en eler et eter ?

134. Que doit-on remarquer sur les verbes qui ont un i ou un y aux deux premières personnes plurielles du présent de l'indicatif ?

135. Que doit-on remarquer sur la 2e. personne du singulier de l'impératif, terminée par une voyelle ?

136. Que doit-on remarquer sur le participe passé du verbe bénir ?

140. Que doit-on remarquer sur le verbe haïr ?

141. Que doit-on remarquer sur le verbe fleurir ?

142. Que doit-on remarquer sur le verbe ressortir ?

Des Temps des Verbes

ET DE LEUR FORMATION.

143. Comment divise-t-on les temps des verbes ?

144. Qu'appelle-t-on temps simples ?

145. Qu'appelle-t-on temps composés ?

147. Qu'appelle-t-on temps primitifs ? — temps dérivés ?

148. Combien y a-t-il de temps primitifs ?

149. Quels temps forme-t-on de l'infinitif ?

150. Quels temps forme-t-on du participe présent ?

151. Quels temps forme-t-on du participe passé ?

152. Quel temps forme-t-on de l'indicatif présent ?

153. Quel temps forme-t-on du passé défini ?

Accord du Verbe avec son sujet.

154. Quel rapport existe-t-il entre le sujet et le verbe ?

155. Quelle règle suit un verbe qui a deux sujets singuliers ?

157. Comment écrit-on un verbe qui a pour sujet *l'un et l'autre*?

158. Quelle règle suit un verbe qui a deux sujets de différentes personnes?

159. Quelle règle suit un verbe qui a plusieurs sujets de la troisième personne liés par *ou, mais* ?

160. Si les sujets d'un verbe, liés par *ou*, étaient de différentes personnes, quelle en serait la règle?

161. Quelle règle suit un verbe qui a plusieurs sujets singuliers liés par ni?

162. N'est-il pas certains cas où l'on peut mettre le verbe au singulier, bien qu'il y ait plusieurs noms singuliers employés comme sujets?

163. Ne trouve-t-on pas quelquefois un verbe au pluriel bien que son sujet apparent soit du singulier. — N'existe-t-il pas des cas contraires ?

164. Quelle règle suit un verbe qui a deux sujets liés par *comme, de même que, ainsi que*, etc. ?

165. Quelle règle suit un verbe précédé de plus d'un ?

166. Quelle règle suit un verbe qui a pour sujet un collectif suivi d'un nom ?

167. Quelle règle suit un verbe qui a pour sujet la plupart ?

168. Quelle règle suit un verbe qui a pour sujets plusieurs infinitifs ?

169. Quelle règle suit le verbe être précédé de ce ?

Sur le Participe.

170. Qu'est-ce que le participe ?

171. Combien y a t il de sortes de participes ?

172. Quelle est la règle du participe présent?

173. Comment distingue-t-on le participe présent de l'adjectif terminé en ant ?

174. Quelle règle suit le participe passé employé sans auxil?

175. Quelle règle suit le participe passé joint à l'auxil. être ?

176. Quelle règle suit le participe passé accompagné de l'auxiliaire avoir ?

177. Quelle règle suivent les participes passés des verbes réfléchis ou pronominaux ?

178. Quelle règle suivent les participes des verbes essentiellement pronominaux ?

179. Quelle règle suivent les participes passés suivis d'un adjectif ou d'un modificatif quelconque ?

180. Quelle règle suit le participe passé entre deux que? — N'y a-t-il pas quelques exceptions?

181. Quelle règle suit le participe ayant pour régime direct le pronom *l'*?

182. Quelle règle suit le participe passé suivi d'un verbe à l'infinitif?

183. Quand un infinitif est sous-entendu arpès un participe, quelle règle suit le participe ?

184. Quelle règle suit le participe passé *fait* suivi d'un infinitif?

185. Quelle règle suit le participe suivi d'un verbe à l'infinitif précédé d'une préposition ?

187. Que remarque-t-on sur les participes *eu* et *donné* ?

188. Quelle règle suivent les participes passés des verbes neutres employés comme verbes actifs ?

189. Que remarque-t-on sur les participes *eu* et *coûté* ?

190. Quelle règle suit le participe passé précédé de le peu ?

191. Quelle règle suit le participe passé précédé de deux régimes liés par *comme, de même que, ainsi que, plutôt que, aussi bien que, moins, autant que, non plus que,* etc.?

192. Quelle règle suit le participe passé précédé de deux régimes liés par ou, mais, etc. ?

193. Quelle règle suit le participe passé qui a pour régime un collectif suivi d'un substantif?

194. Quelle règle suit le participe passé qui n'a pour régime
que le mot *en* ?
195. Quelle règle suit le participe passé dans les temps sur-
composés ?
196. Quelle règle suit le participe des verbes unipersonnels ?
197. Quelle règle suit le participe passé précédé de deux régimes séparés par une proposition ?

Sur les Mots invariables.

198. Qu'est-ce que l'adverbe ?
199. Quels sont les adverbes de manière ?
200. Quels sont les adverbes de temps ?
201. Quels sont les adverbes de lieu ?
202. Quels sont les adverbes d'ordre ?
203. Quels sont les adverbes de quantité ?
204. Quels sont les adverbes de comparaison ?
205. Quels sont les adverbes d'affirmation ?
206. Quels sont les adverbes de négation ?
207. Qu'appelle-t-on adverbe composé ?
208. Certains adverbes ne s'emploient-ils pas quelquefois substantivement ?
209. Certains adjectifs ne peuvent-ils pas s'employer comme
adverbes ?
210. Les mots invariables employés comme noms communs ,
sont-ils susceptibles de la marque du pluriel ?
211. Qu'est-ce que la préposition ?
212. Qu'appelle-t-on préposition composé e ?
213. Qu'est-ce que la conjonction ?
214. Qu'appelle-t-on conjonction composée ?
215. Qu'est-ce que l'interjection ?

Sur l'Orthographe.

216. Qu'est-ce que l'orthographe ?

217. *D.* De combien de sortes est l'orthographe ?

     R. *De deux sortes, absolue et relative. L'orthographe absolue est celle que l'usage a assignée aux mots, et l'orthographe relative est celle qu'indiquent les règles.*

218. Qu'est-ce que l'analyse grammaticale ?

Seconde Partie.

---

219. Qu'est-ce que l'analyse logique ?

220. Qu'est-ce qu'une phrase ?

221. Qu'est-ce qu'une proposition ?

222. Quelles sont les parties intégrantes de la proposition ?

223. Qu'est-ce que le sujet ?

224. Qu'est-ce que l'attribut ?

225. Qu'est-ce que le verbe ?

226. Qu'est-ce qu'un sujet simple ?

227. Qu'est-ce qu'un sujet composé ?

228. Qu'est-ce qu'un sujet complexe ?

229. Qu'est-ce qu'un sujet incomplexe ?

230. Quand est-ce que l'attribut est simple ?

231. Quand est-ce que l'attribut est composé ?

232. Quand est-ce que l'attribut est complexe ?

233. Quand est-ce que l'attribut est incomplexe ?

234. Combien y a-t-il de sortes de propositions ?

235. Qu'appelle-t-on proposition principale ?

236. Combien y a-t-il de sortes de propositions principales ?

237. Qu'appelle-t-on proposition incidente ?

238. Combien y a-t-il de sortes de propositions incidentes ?

239. Qu'appelle-t-on proposition subordonnée ?

240. Qu'appelle-t-on proposition complétive ?

241. Qu'appelle-t-on proposition conditionnelle ?

242. Qu'appelle-t-on proposition ellyptique ?

Sur les Figures de Grammaire.

243. Qu'est-ce que l'ellypse?
244. Quelles sont les conditions d'une bonne ellypse?
245. Qu'est-ce que le pléonasme?
246. Quelles sont les conditions d'un pléonasme?
247. Qu'est-ce que la synthèse?
248. Qu'est-ce que la syllepse?

Sur l'Emploi des Substantifs.

249. De combien de manières emploie-t-on le substantif?
250. Que doit-on observer lorsqu'on emploie deux fois de suite le même substantif?
251. Que doit-on observer en employant les substantifs qui changent de genre en changeant de nombre?

Sur l'Emploi de l'article.

252. Quand doit-on répéter l'article devant les noms?
253. Quand peut-on se dispenser de répéter l'article devant les noms?
254. Peut-on employer un article pluriel devant des noms singuliers?
255. Quand doit-on répéter l'article devant des adjectifs qui se suivent?
256. Quand supprime-t-on l'article devant un adjectif suivi d'un nom?
257. Supprime-t-on toujours l'article devant un nom pris dans un sens positif?
258. La suppression ou l'emploi de l'article ne peuvent-ils pas changer la signification des mots?

Sur l'Emploi des Adjectifs.

259. Quelle est la règle générale de l'emploi d'un adjectif ou d'un modificatif quelconque?

260. Quand les adjectifs possessifs doivent-ils être remplacés par des articles ?

261. Quand doit-on remplacer par *en* les adjectifs possessifs en rapport avec un nom de chose ?

262. Que doit-on observer en employant un adjectif possessif ?

263. Quand emploie-t-on son, sa, ses, après chacun ?

264. Que remarque-t-on sur l'adjectif indéfini chaque ?

265. Que remarque-t-on sur l'adjectif tel ?

266. Peut-on employer quel pour quelque ?

267. Quand doit-on répéter l'adjectif tout ?

268. La position de l'adjectif ne change-t-elle pas quelquefois la signification du substantif ?

269. N'y a-t-il pas des substantifs qui ne souffrent aucun modificatif ?

270. Que remarque-t-on sur possible, impossible ?

271. Que remarque-t-on sur digne, indigne ?

272. Que remarque-t-on sur susceptible et capable ?

Sur l'Emploi des Pronoms.

273. Dans quel ordre énonce-t-on de suite plusieurs pronoms de différentes personnes ?

274. Que doit-on éviter surtout dans l'emploi d'un pronom ?

275. Quelle est la règle générale des pronoms ? — Ne souffre-t-elle pas une exception ?

276. Que doit-on observer en employant plusieurs fois de suite un même pronom ?

277. Que doit-on observer sur lui, elle, eux, elles précédés d'une préposition ?

278. Que remarque-t-on sur les pronoms lui, elle, eux, elles, placés après le verbe être ?

279. Quand est-ce que l'antécédent d'un qui ne peut s'ellypser ?

280. Quand remplace-t-on *qui, dont, de qui, à qui, par lequel, duquel,* etc. ?

281. Que remarque-t-on sur les *qui* et les *que,* qui se suivent ?

282. Que remarque-t-on sur *qui,* régime d'une préposition ?

283. Que remarque-t-on sur les pronoms relatifs ?

284. Comment s'emploie qui, pronom interrogatif?

285. Les pronoms celui, ceux, celles, peuvent-ils être suivis d'un adjectif ?

286. Qué remarque-t-on sur l'un l'autre, l'un de l'autre, l'un à l'autre?

287. Quelle différence y a-t-il entre les uns et les autres, et les uns les autres ?

288. Que remarque-t-on sur *le* employé pour cela ?

289. Citez quelques phrases où l'ellypse du pronom est regardée comme une faute?

290. Quand doit-on répéter les pronoms le, la, les, me, te, nous, vous, se?

291. Quand faut-il employer *ce* devant le verbe être ?

292. Les pronoms le, la, les, peuvent-ils se sous-entendre?

293. Peut-on employer dont pour d'où ?

294. Que doit-on observer sur celui-ci, celle-ci, mis en opposition avec celui-là, celle-là?

295. Que doit-on observer en employant celui-là, celle-là, voici, voilà, ceci, cela ?

296. Que remarque-t-on sur celui-là, celle-là, employés au commencement d'une phrase?

297. Quand emploie-t-on soi?

298. Quand emploie-t-on l'on ?

299. Quand doit-on observer sur *à quoi*?

300. Quelle différence y a-t-il entre *ce qui plaît*, et *ce qu'il plaît* ?

Sur l'emploi des sujets, sur la répétition ou l'ellypse
du sujet et du verbe, et sur l'emploi
de l'auxiliaire avoir et étre.

301. De quel nombre et de quelle personne doit être un pronom réfléchi?

302. Quand les sujets d'un verbe peuvent-ils se sous-entendre?

303. Quand faut-il répéter les pronoms sujets?

304. Quel est le pronom indéfini qui s'emploie toujours comme sujet et qui se répète devant chaque verbe ?

305. Quand emploie-t-on le *t* euphonique entre le sujet et le verbe ?

306. Quand le verbe doit-il se répéter ?

307. Quand faut-il remplacer une proposition complétive par un infinitif?

308. Quand faut-il répéter le verbe devant les infinitifs qui le suivent ?

309. Quand peut-on ellypser le verbe être ?

310. Quand peut-on ellypser le verbe avoir ?

De l'Emploi des Verbes.

311. Quelle est la fonction du mode indicatif ?

312. Le présent peut-il s'employer pour le passé et pour le futur ?

313. Que doit-on observer quand on emploie le présent pour le passé ou le futur ?

314. Peut-on employer l'imparfait de l'indicatif pour indiquer une chose toujours vraie ou existante au moment de la parole ?

315. Comment s'emploie le passé défini ?

316. Comment s'emploie le passé indéfini ?

317. Le plus-que-parfait peut-il s'employer pour le passé ind.?

318. Quel est l'emploi du futur ?

319. Quel est l'emploi du conditionnel ?

320. Le conditionnel ne s'emploie-t-il pas quelquefois à la place du futur ?

321. Comment emploie-t-on le subjonctif présent?

322. N'est-il pas certains cas où l'on emploie indifféremment dans une même phrase le subjonctif présent ou l'indicatif?

323. N'est-il pas certaines conjonctions qui veulent toujours après elles le subjonctif ?

324. A quel mode se met le verbe subordonné à *tout* ?

325. A quels temps correspond le subjonctif présent et son
passé ?

326. Après un participe présent, quel temps du subjonctif
doit-on employer ?

327. Après les conditionnels, *on dirait, je ne saurais,* quel
temps du subjonctif emploie-t-on ?

328. Après un verbe au présent, n'emploie-t-on pas quelquefois l'imparfait du subjonctif ?

329. Après un verbe au passé n'emploie-t-on pas quelquefois
le subjonctif présent ?

330. N'est-il pas certains cas où l'on emploie indifféremment
le présent ou l'imparfait du subjonctif ?

331. N'est-il pas certains cas où l'on emploie le substantif
présent, quel que soit le temps du verbe de la proposition principale ?

332. Quand on emploie le mode substantif sans relation à un
verbe précédemment exprimé, à quel temps met-on
le verbe ?

333. Que doit-on observer en employant l'infinitif ?

334. Que doit-on observer dans l'emploi du participe présent ?

Sur les Régimes.

335. Comment place-t-on les régimes ?

336. Quand peut-on donner un seul régime à deux verbes ?

347. Que remarque-t-on sur les régimes de même espèce qui
se suivent ?

348. En général quand emploie-t-on *de,* après un verbe passif,
ou bien quand emploie t-on *par* ?

Sur l'Emploi des Adverbes.

349. Doit-on ou peut-on employer et devant les adverbes de
comparaison, plus, moins, aussi, autant ?

350. Que remarque t on sur davantage ?

351. Que remarque-t on sur *pis* et *pire* ?

352. Que remarque t-on sur *dessus, dessous, dedans, dehors ?*

353. Que remarque-t-on sur *de suite, tout de suite* ?

354. Que remarque-t-on sur *coup sur coup, tout d'un coup, tout à coup?*

355. Que remarque t-on sur l'emploi de *non-seulement* ?

356. Quand un adverbe dérivant d'un adjectif, régit un nom, comment le régit-il ?

357. Quand faut-il supprimer *pas* et *point* ?

358. Peut-on dire *j'ai très-faim, très-soif* ?

359. Quelles sont les conjonctions qui veulent toujours après elles la négation *ne* ?

Sur l'Emploi des Prépositions.

360. Les prépositions *à de en* doivent elles toujours se répéter ?

361. En général quelles sont les prépositions que l'on répète ordinairement?

362. Que doit-on observer en répétant une préposition ?

363. Emploie-t-on indifféremment *en* et *dans* ?

364. *Auprès de* et *près de* s'emploient-ils indifféremment ?

365. *Avant* et *devant* s'emploient ils indifféremment?

366. *Durant* et *pendant* s'emploient ils indifféremment?

367. Que remarque-t-on sur *durant que, malgré que, à cause que, devant que?*

368. Quelle différence y a-t-il entre *au travers* et *à travers* ?

369. Que remarque t-on sur la préposition vis-à-vis?

370. Que remarque-t-on sur *le voilà qu'il, voici qu'il, voici venir* ?

371. Emploie-t-on indifféremment *à* ou *ou* entre 2 nombres ?

372. Que remarque-t-on sur *servir à rien, servir de rien?*

373. Dit-on indifféremment *renommé par, renommé pour?*

374. *C'est à vous à, c'est à vous dé,* s'emploient-ils indifféremment?

375. Que remarque-t-on sur les locutions *au reste, du reste?*

Sur l'Emploi des Conjonctions.

376. Les conjonctions *et*, *ni* sont-elles des mots d'espèce dif-
     férente ?
377. *Ni* peut-il remplacer *sans* ?
378. Comment s'emploient les conjonctions *aussi* et *non plus* ?
379. Quelles sont les principales fonctions de *que* ?

Sur certains Verbes.

380. Que remarque-t-on sur *aide* ?
381. Que remarque-t-on sur *anoblir* et *ennoblir* ?
382. Que remarque-t-on sur *aller* ?
383. Que remarque-t-on sur le verbe assurer ?
384. Peut-on dire remplir un but ?
385. Baigner, coucher, promener, s'emploient-ils d'une
     manière absolue ?
387. Que remarque-t-on sur éclairer ?
388. Que remarque-t-on sur emprunter ?
389. Dit-on *demander excuse* ?
390. Quelle différence y a-t-il entre *entendre raillerie* et *en-
     tendre la raillerie* ?
391. Que remarque-t-on sur le verbe envier ?
392. Que remarque-t-on sur éviter ?
393. Que remarque-t-on sur fixer ?
394. Dit-on indifféremment *ne faire que*, *ne faire que de* ?
395. *Il s'en faut beaucoup*, *il s'en faut de beaucoup* s'em-
     ploient-ils indifféremment ?
396. Dit-on indifféremment *imiter l'exemple suivre l'exemple* ?
397. Que remarque-t-on sur *imposer*, *en imposer* ?
398. Que remarque-t-on sur *infester* et *infecter* ?
399. Que remarque-t-on sur *imaginer* et *s'imaginer* ?
400. Que remarque-t-on sur *insulter* ?
401. Quelle remarque fait-on sur jouir ?
402. Y a-t-il quelque différence entre *mêler à* et *mêler avec* ?
403. Que remarque-t-on sur le verbe observer ?

404. Obliger s'emploie-t-il en relation avec un nom de chose ?
405. Dit-on indifféremment *oublier à, oublier de ?*
406. Que remarque-t-on sur le verbe pardonner ?
407. Prier de dîner, prier à dîner, s'emploient-ils indifféremment ?
408. Que remarque-t-on sur *saigner du nez, saigner au nez ?*
409. Que remarque-t-on sur *parler mal et mal parler ?*
410. Que remarque-t-on sur le verbe apprendre ?
411. Que remarque-t-on sur le verbe supplier ?

Sur la Ponctuation.

412. Qu'est ce que la ponctuation ?
413. Quels sont les signes de la ponctuation ?
414. Quel est l'usage de la virgule ?
415. Quelles sont les propositions qu'on enferme entre deux virgules ?
416. Quel est l'usage du point-virgule ?
417. Quelle pause marquent les deux points ?
418. Quelle pause marque le point ?
419. Qu'est-ce que le point interrogatif ?
420. Qu'est-ce que le point exclamatif ?
421. Qu'appelle-t-on point de suspension et quel est son emploi ?
422. Qu'appelle-t-on guillemet ?
423. Qu'appelle-t-on point d'interlocution ?

FIN.

www.ingramcontent.com/pod-product-compliance
Ingram Content Group UK Ltd.
Pitfield, Milton Keynes, MK11 3LW, UK
UKHW021053150726
13693UKWH00007B/812